TÉCNICA PROCESSUAL E CONTROLE DA PROVA DIGITAL NO PROCESSO CIVIL

DANÚBIA PAIVA

Prefácio
José Luiz de Moura Faleiros Júnior

TÉCNICA PROCESSUAL E CONTROLE DA PROVA DIGITAL NO PROCESSO CIVIL

Belo Horizonte

2025

© 2025 Editora Fórum Ltda.

É proibida a reprodução total ou parcial desta obra, por qualquer meio eletrônico, inclusive por processos xerográficos, sem autorização expressa do Editor.

Conselho Editorial

Adilson Abreu Dallari
Alécia Paolucci Nogueira Bicalho
Alexandre Coutinho Pagliarini
André Ramos Tavares
Carlos Ayres Britto
Carlos Mário da Silva Velloso
Cármen Lúcia Antunes Rocha
Cesar Augusto Guimarães Pereira
Clovis Beznos
Cristiana Fortini
Dinorá Adelaide Musetti Grotti
Diogo de Figueiredo Moreira Neto (*in memoriam*)
Egon Bockmann Moreira
Emerson Gabardo
Fabrício Motta
Fernando Rossi
Flávio Henrique Unes Pereira

Floriano de Azevedo Marques Neto
Gustavo Justino de Oliveira
Inês Virgínia Prado Soares
Jorge Ulisses Jacoby Fernandes
Juarez Freitas
Luciano Ferraz
Lúcio Delfino
Marcia Carla Pereira Ribeiro
Márcio Cammarosano
Marcos Ehrhardt Jr.
Maria Sylvia Zanella Di Pietro
Ney José de Freitas
Oswaldo Othon de Pontes Saraiva Filho
Paulo Modesto
Romeu Felipe Bacellar Filho
Sérgio Guerra
Walber de Moura Agra

FÓRUM
CONHECIMENTO JURÍDICO

Luís Cláudio Rodrigues Ferreira
Presidente e Editor

Coordenação editorial: Leonardo Eustáquio Siqueira Araújo / Aline Sobreira de Oliveira
Revisão: Pauliane Santos Coelho
Projeto gráfico: Walter Santos
Capa e Diagramação: Formato Editoração

Rua Paulo Ribeiro Bastos, 211 – Jardim Atlântico – CEP 31710-430
Belo Horizonte – Minas Gerais – Tel.: (31) 99412.0131
www.editoraforum.com.br – editoraforum@editoraforum.com.br

Técnica. Empenho. Zelo. Esses foram alguns dos cuidados aplicados na edição desta obra. No entanto, podem ocorrer erros de impressão, digitação ou mesmo restar alguma dúvida conceitual. Caso se constate algo assim, solicitamos a gentileza de nos comunicar através do *e-mail* editorial@editoraforum.com.br para que possamos esclarecer, no que couber. A sua contribuição é muito importante para mantermos a excelência editorial. A Editora Fórum agradece a sua contribuição.

Dados Internacionais de Catalogação na Publicação (CIP) de acordo com ISBD

P149t	Paiva, Danúbia Patrícia de
	Técnica processual e controle da prova digital no processo civil / Danúbia Patrícia de Paiva. Belo Horizonte: Fórum, 2025.
	197p. 14,5x21,5cm
	ISBN impresso 978-65-5518-954-4
	ISBN digital 978-65-5518-955-1
	1. Provas no processo civil. 2. Provas digitais. 3. Direito digital. 4. Direito probatório. I. Título.
	CDD: 347.05
	CDU: 347.9

Ficha catalográfica elaborada por Lissandra Ruas Lima – CRB/6 – 2851

Informação bibliográfica deste livro, conforme a NBR 6023:2018 da Associação Brasileira de Normas Técnicas (ABNT):

PAIVA, Danúbia Patrícia de. *Técnica processual e controle da prova digital no processo civil*. Belo Horizonte: Fórum, 2025. 197p. ISBN 978-65-5518-954-4.

Para a Clarinha, mencionada apenas no canto desta folha, mas que na vida representa as melhores páginas da minha história.

AGRADECIMENTOS

Agradeço, primeiramente, a Deus. Aos meus pais, que sempre me apoiaram incondicionalmente. Aos meus professores, por despertarem em mim o amor pelo Direito. Aos meus alunos e amigos, por trazerem toda a leveza necessária para transpor o desafio que foi escrever este livro.

"Para poder acompanhar o mundo de 2050, você vai precisar não só inventar novas ideias e produtos – acima de tudo, vai precisar reinventar a você mesmo várias e várias vezes."

(Yuval Noah Harari)

SUMÁRIO

PREFÁCIO
José Luiz de Moura Faleiros Júnior 13

NOTA DA AUTORA À PRIMEIRA EDIÇÃO 19

CAPÍTULO 1
A VIRTUALIZAÇÃO DO PROCEDIMENTO JUDICIAL E SEUS IMPACTOS 23
1.1 Sobre Direito, Tecnologia e Processo 24
1.2 O processo eletrônico e as partes 27
1.3 O processo eletrônico e o advogado 35
1.4 O processo eletrônico e o julgador (humano ou robô) 40
1.5 O processo eletrônico e os excluídos digitais 49

CAPÍTULO 2
A INFORMATIZAÇÃO DO JUDICIÁRIO NO BRASIL 53
2.1 Sobre a normatização das inovações tecnológicas, o Processo e o Tempo 53
2.2 Panorama histórico e regulação da informatização do Judiciário 57
2.2.1 Terminologias do processo eletrônico, seus programas e *softwares* 63
2.2.2 A informatização do Judiciário como política pública implementada pelo CNJ 65
2.2.3 Da Agenda 2030 à Plataforma Única do Processo Judicial Eletrônico 70

CAPÍTULO 3
A PROVA NO DIREITO DEMOCRÁTICO 79
3.1 Prova judiciária a partir do direito processual democrático 80
3.2 O direito constitucional à prova 85
3.3 O resultado da prova e o seu reconhecimento como instituto jurídico 89

3.4   A estrutura procedimental das provas.................................. 98
3.4.1 Contornos teóricos sobre o objeto da prova....................... 101
3.4.2 Prova lícita e ilícita.. 103

CAPÍTULO 4
IMPACTOS NO DIREITO PROCESSUAL DA PROVA EM MEIO
AMBIENTE VIRTUAL.. 109

4.1   A demonstração dos fatos a partir das mídias eletrônicas:
       características, tecnologias e a questão da segurança............... 110
4.2   A importância da identificação dos atos nos procedimentos
       em meio eletrônico.. 118
4.3   Prova eletrônica, prova digital e prova digitalizada................... 123
4.4   Provas eletrônicas e a exigência de um objeto corpóreo............ 126
4.5   A guarda da prova... 130

CAPÍTULO 5
TÉCNICA PROCESSUAL E CONTROLE DAS PROVAS
ELETRÔNICAS NO PROCESSO CIVIL.. 135

5.1   Motivação e prova: como fica a livre convicção do juiz?............ 136
5.2   Estrutura procedimental da prova eletrônica............................ 157
5.3   A importância do dever de fundamentação e do saneamento
       do processo para a eliminação de erros no procedimento
       probatório virtual... 170
5.4   A necessária superação de entraves em relação à prova
       eletrônica no direito processual civil.. 174

REFERÊNCIAS... 181

PREFÁCIO

> "*Factual investigation not involving the discovery rules is entirely possible and can sometimes be more important than formal discovery. Telephone calls, informal interviews, examination of public records, online searches, and the like will often yield enormous amounts of information. It is important for the beginning lawyer not to become so mesmerized by the tool kit of formal discovery as to forget the existence of other means of gathering information*".[1]
> — Stephen C. Yeazell; Joanna C. Schwartz

Foi com enorme alegria que recebi da notável Professora Doutora Danúbia Patrícia de Paiva o honroso convite para redigir o prefácio de sua obra *Técnica processual e controle das provas digitais no processo civil*, que resulta de sua Tese de Doutorado, orientada pelo Prof. Dr. Vicente de Paula Maciel Júnior e defendida na renomada Pontifícia Universidade Católica de Minas Gerais.

A epígrafe deste prefácio resume, por um lado, o fascínio gerado pelo potencial das ferramentas tecnológicas para a investigação factual e para a documentação de informações que, em matéria processual, se tornam importantíssimas para a elucidação e a comprovação de fatos, para a instrução processual e, enfim, para maximizar resultados em contendas judiciais. A isso se deu o nome de "provas digitais" e, por outro lado, enfrenta-se o grande desafio de conciliar a efervescência gerada pelo irrefreável avanço tecnológico com a técnica processual.

Esta foi a missão assumida pela autora em sua hipótese de pesquisa, que é inegavelmente desafiadora e necessária, mas impõe reflexões sobre os caminhos possíveis para estabelecer tal compatibilização. Isso se deve ao fato de o direito processual civil estar passando por uma reconfiguração na sociedade atual da informação.

O profissional do direito, consciente das potencialidades da Internet e de sua utilidade para garantir a efetividade jurisdicional,

---

[1] YEAZELL, Stephen C.; SCHWARTZ, Joanna C. *Civil procedure*. 9. ed. Nova York: Wolters Kluwer, 2016. p. 319.

utiliza instrumentos inovadores na condução do processo. Não obstante, a premissa fundamental do direito processual civil é a bilateralidade,[2] que conduz à necessidade de paridade, igualdade de forças e meios para a formulação de pleitos, apresentação de exceções e, de modo geral, para a defesa de interesses,[3] que se dá com amparo nas provas.

Não há dúvidas de que ações e exceções, bem como os meios pelos quais as provas são apresentadas no processo judicial, sofrem influência do meio social e do avanço da técnica, sendo implementadas em medida proporcional ao estado da arte em que tais elementos se conjugam juridicamente. Se a tecnologia interfere densamente no futuro das profissões, como sinalizam Richard e Daniel Susskind, esta não é, segundo os próprios autores, uma preocupação aterrorizante, uma vez que, para alguns, "o futuro mais eficiente está em máquinas e seres humanos trabalhando juntos".[4]

Com base nisso, discussões sobre a virtualização do processo judicial, que já ocorre há quase duas décadas – e que, pela imposição cogente do legislador, também será a regra para processos administrativos (art. 5º da Lei n. 14.129/2021) – tornam insofismável a amplitude do debate.

---

[2] COUTURE, Eduardo J. *Introdução ao estudo do processo civil*. Tradução de Hiltomar Martins de Oliveira. Belo Horizonte: Líder, 2003. p. 29. Comenta: "O preceito antigo, mil vezes repedido em textos não somente jurídicos, como também literários, aconselhava *audiatur altera pars*. Bem pensado, como veremos com amplitude mais adiante, o direito procede aqui aplicando o princípio dialético da tese, da antítese e da síntese. O litígio aparece assim denominado por uma ideia que chamamos de bilateralidade. As duas partes se encontram no litígio em pé de igualdade e esta igualdade no processo não é outra coisa senão uma manifestação do princípio de igualdade dos indivíduos perante a lei."

[3] PISANI, Andrea Proto. *Lezioni di diritto processuale civile*. 6. ed. Nápoles: Jovene, 2014. p. 193. Anota que: "[...] il contenuto necessario e sufficiente del principio del contraddittorio consisterebbe nel porre la controparte nella possibilità di contraddire. E ciò allo scopo: a) sia di assicurare l'eguaglianza delle parti nel processo: "ciascuna parte deve poter fare quello che fa l'altra per farsi ragione" (Carnelutti); b) sia di sfruttare il libero contrasto, il libero scontro tra le parti per mettere il giudice nelle migliori condizioni possibili per decidere, e realizzare in tal modo l'interesse pubblico alla giusta composizione della lite: il contraddittorio – diceva Calamandrei – "è tecnicamente il congegno psicologico meglio appropriato a garantire, specialmente nella fase di cognizione, l·esatta applicazione della legge"".

[4] SUSSKIND, Richard; SUSSKIND, Daniel. *The future of professions*: how technology will transform the work of human experts. Oxford: Oxford University Press, 2015. p. 293, tradução livre. No original: "[...] the most efficient future lies with machines and human beings working together. Human beings will always have value to add as collaborators with machines".

Para além disso, assuntos relacionados à documentação eletrônica[5] já são discutidos há décadas[6] e geram calorosos debates doutrinários acerca de seus limites e dos requisitos de validade das técnicas adotadas para tal finalidade. Isso ocorre com mais frequência no processo penal,[7] que se socorre supletivamente de regras definidas no processo civil, em especial para as discussões sobre a cadeia de custódia das provas,[8] o que se torna absolutamente desafiador em razão da ubiquidade da Internet, da replicabilidade e da editabilidade dos arquivos digitais e da falta de um sistema verdadeiramente hígido para o arquivamento de provas digitais.

Todas as discussões parecem convergir para a necessidade de estabilização do arquivamento documental e para a garantia de disponibilidade, integridade e autenticidade das provas digitais, além da confidencialidade, quando for o caso. Essas qualidades são, aliás, os próprios pilares da Política Nacional de Segurança da Informação (Decreto n. 9.637/2018) e indicam a inevitabilidade de questionamentos sobre a insuficiência dos sistemas informáticos adotados pelo Judiciário brasileiro.

Também não é de hoje que o tema suscita indagações quanto à imprescindibilidade das assinaturas eletrônicas baseadas em técnica criptográfica assimétrica,[9] de padrão ICP-Brasil (Medida Provisória n. 2.200-2/2001), o que levou o legislador a promulgar a Lei n. 14.063/2020, que redefine o tema das assinaturas eletrônicas nas interações com o Poder Público e atribui à modalidade qualificada (art. 4º, III) o maior grau de higidez. Além disso, já se tem, no Brasil, a Lei da Digitalização (Lei n. 12.682/2012),[10] versando exatamente sobre a necessidade de adoção de assinatura eletrônica desse padrão mais elevado de segurança para

---

[5] PARENTONI, Leonardo. *Documento Eletrônico*: Aplicação e Interpretação pelo Poder Judiciário. Curitiba: Juruá, 2007. p. 107-123.

[6] BLUM, Renato Opice. Provas no âmbito digital. *Consulex: Revista Jurídica*, Brasília, v. 10, n. 231, ago. 2006.

[7] PARENTONI, Leonardo. *Documento Eletrônico*: Aplicação e Interpretação pelo Poder Judiciário. Curitiba: Juruá, 2007. p. 107-123.

[8] Conferir, por todos, BADARÓ, Gustavo Henrique. Os standards metodológicos de produção na prova digital e a importância da cadeia de custódia. *Boletim IBCCrim*, São Paulo, v. 29, n. 343, p. 7-9, jun. 2021; MACHADO, Vitor Paczek. A prova eletrônico-digital e a cadeia de custódia das provas. *Boletim IBCCrim*, São Paulo, v. 24, n. 288, p. 8-9, nov. 2016.

[9] MENKE, Fabiano. A criptografia e a infraestrutura de chaves públicas brasileira (ICP-Brasil). *Caderno Especial: A Regulação da Criptografia no Direito Brasileiro*, São Paulo: Ed. RT, v. 1, p. 83-97, 2018.

[10] MARCACINI, Augusto Tavares Rosa. Documentos digitalizados: originais, cópias e a nova Lei nº 12.682/2012. In: PAESANI, Liliana Minardi (coord.). *O direito na sociedade da informação III*: a evolução do direito digital. São Paulo: Atlas, 2013. p. 33-51.

documentos digitais que tenham sido criados a partir da transposição de antigo suporte em papel, o que vale para documentos em geral ou fotografias,[11] por exemplo.

Também não é de hoje que se analisa o recrudescimento do valor da fé pública notarial para a constatação de fatos e circunstâncias que revolvam à causa de pedir de eventual demanda, o que coloca em xeque práticas comezinhas como a anexação de capturas de tela aos autos, pois o Código de Processo Civil (Lei n. 13.105/2015) é hialino ao destacar o valor da ata notarial para isso (art. 384). E, avançando em relação a essas discussões, a doutrina já se mostra favorável à adoção da rede *blockchain* como alternativa viável para a extração de provas[12] ou para o arquivamento documental.[13]

No tema das provas, almeja-se agregar aos autos do processo a verdade factual.[14] Sinalizando caminhos para a viabilização dessas inovadoras tendências, Richard Susskind identifica cinco dimensões essenciais: possibilidade técnica, solidez jurisprudencial, viabilidade comercial, adequação organizacional e adequação estratégica.[15] Porém, lembrando a descrição de Herbert Hart quanto à 'tessitura aberta' do *rule of law*,[16] eventual abertura do ordenamento às TICs não excluirá do sistema a presença de regras autoritárias, da corrupção, da opressão e a própria insegurança jurídica, que pode derivar de iliteracia digital ou mesmo do surgimento de indesejável paradigma tecnocrático, que afasta a boa técnica processual para privilegiar apenas o bom domínio das ferramentas digitais.[17]

---

[11] ARAÚJO, Juliana Cristina Busnardo Augusto de. Fotografia digital como prova no processo. *Revista do Tribunal Regional do Trabalho da 9ª Região*, Curitiba, v. 37, n. 69, p. 439-456, jul./dez. 2012, p. 444.

[12] Sobre o tema, conferir BAIÃO, Renata Barros Souto Maior. *Blockchain como fonte de prova*. São Paulo: Editora Cedes/Apamagis, 2023.

[13] DIDIER JR., Fredie; OLIVEIRA, Rafael Alexandria de. O uso da tecnologia blockchain para arquivamento de documentos eletrônicos e negócios probatórios segundo a Lei de Liberdade Econômica. In: NUNES, Dierle; LUCON, Paulo Henrique dos Santos; WOLKART, Erik Navarro (org.). *Inteligência artificial e direito processual*: os impactos da virada tecnológica no direito processual. 2. ed. Salvador: Juspodivm, 2021. p. 509-530.

[14] TARUFFO, Michele. Verità e prova nel processo. *Rivista Trimestrale di Diritto e Procedura Civile*, Milão, v. 72, n. 4, p. 1305-1321, dez. 2018. p. 1305.

[15] SUSSKIND, Richard. *Transforming the law*: essays on technology, justice and the legal marketplace. Oxford: Oxford University Press, 2000. p. 170.

[16] HART, Herbert L. A. *The concept of law*. 2. ed. Oxford: Clarendon Press, 1961. p. 124.

[17] PUPPO, Frederico. Prova digital e lógica jurídica. *Revista Brasileira de Estudos Constitucionais*, Belo Horizonte, v. 7, n. 26, p. 469-484, maio/ago. 2013. p. 470.

Logo, sendo inegável a virada tecnológica contemporânea,[18] o direito processual civil precisa de racionalidade epistemológica para permanecer robusto frente aos desafios desvelados pela técnica. No que concerne ao tema das provas digitais, releituras são necessárias para que não se permita que o fascínio pela facilidade de sua obtenção ofusque preocupações legítimas quanto à ilicitude da prova, aos seus efeitos sobre a livre convicção do julgador, ou mesmo sobre o seu necessário controle – temas enfrentados pela autora com grande sobriedade e contundência na tese!

Com essas singelas anotações e, honrado pelo convite a mim endereçado, congratulo a brilhante autora pela publicação de sua Tese, na expectativa de que avancemos virtuosamente rumo à consolidação do tema das provas digitais como importante paradigma do processo civil contemporâneo!

Belo Horizonte, novembro de 2024.

José Luiz de Moura Faleiros Júnior

Doutor em Direito Civil pela Universidade de São Paulo e em Direito, Tecnologia e Inovação pela Universidade Federal de Minas Gerais. Mestre e Bacharel em Direito pela Universidade Federal de Uberlândia. Especialista em Direito Digital. Advogado. Professor.

---

[18] NUNES, Dierle. Virada tecnológica no direito processual e etapas do emprego da tecnologia no direito processual: seria possível adaptar o procedimento pela tecnologia? *In*: NUNES, Dierle; LUCON, Paulo Henrique dos Santos; WOLKART, Erik Navarro (org.). *Inteligência artificial e direito processual*: os impactos da virada tecnológica no direito processual. 2. ed. Salvador: Juspodivm, 2021. p. 17-54.

NOTA DA AUTORA À PRIMEIRA EDIÇÃO

A maior ou menor limitação à atividade probatória no processo sempre esteve vinculada ao direito positivo.

Todavia, atualmente, entre os vários critérios capazes de influenciar a extração das informações sobre os fatos e a própria confiabilidade da prova, ocupa a tecnologia um papel central, sendo imprescindível analisar a sua interferência no procedimento probatório.

A sociedade está cada vez mais dependente da tecnologia e dos sistemas eletrônicos. Essa situação merece atenção, pois o desenvolvimento tecnológico não pode significar o afastamento de direitos e garantias constitucionais.

Sabe-se que o direito é o reflexo da vida humana e das suas diversas relações. Igualmente, os sistemas sociais, políticos, econômicos e culturais.

Com a sociedade da informação a influenciar as relações interpessoais, litígios mudaram em intensidade, qualidade e em quantidade, diante do fluxo quase instantâneo de informação, capital e comunicação cultural.

Usos e costumes igualmente foram afetados pela mudança cultural e comportamental da sociedade digital e globalizada. Na medida em que se transformaram, permitiram o surgimento de novas relações jurídicas, ainda pendentes de regulamentação. A pandemia também intensificou esse processo de migração das relações físicas para o virtual.

Ocorreu também um aumento da complexidade da sociedade, ganhando espaço fenômenos da judicialização e dos julgamentos em massa.

Apesar de toda essa transformação, o Estado Democrático de Direito permanece em estágio de consolidação, sendo tarefa de todos contribuir para concretizá-lo. Desde que foram superados os principais regimes totalitários que assolaram o mundo até meados do século XX, é prioridade destacar a importância do processo constitucional na construção deste Estado e na criação de novos regramentos.

Diante disso, é preocupação constante que todas as soluções jurídicas a serem conjecturadas atendam ao princípio da supremacia da

Constituição, cabendo aos intérpretes analisarem, ainda, a aplicabilidade das normas já existentes.

Sobre esse ponto, no campo jurídico, deve-se ressaltar que a incorporação do processo eletrônico no Judiciário permitiu o surgimento de situações que trouxeram indagações em relação à conformidade da legislação processual, além de aspectos éticos e de compatibilidade da própria tecnologia e da inteligência artificial – ambas em constante evolução. Todas essas situações se traduzem em desafios para (re)pensar o Direito.

Tais questões fizeram surgir, também, uma preocupação do legislador no que se refere à ausência de regulamentação, bem como em relação às consequências jurídicas na hipótese de inefetividade das normas existentes, tanto no tocante ao direito processual, quanto ao direito material.

Especificamente em relação às provas, cumpre ressaltar, inicialmente, que a regulação desta matéria sempre esteve presente em diversos ordenamentos jurídicos existentes.

Apesar disso, ainda são muitos os desafios do Direito, sobretudo no que se refere à produção e valoração da prova, bem como à preservação das garantias fundamentais do processo nos procedimentos jurisdicionais.

A fim de buscar contribuir com a temática, a presente obra apresenta como tema central a prova produzida em meio eletrônico.

O objetivo principal é verificar se a sistemática do procedimento probatório desenvolvida para os processos físicos, ou de papel, deve ser a mesma dos processos em meio virtual. Não sendo a mesma, busca-se apontar quais seriam as regras e posturas a serem adotadas para o controle democrático da prova em meio digital.

Para isso, cumpre considerar que a presente obra irá analisar a "prova judiciária", entendida como aquela que se apresenta em um processo jurisdicional. Segundo John Gilissen, a "prova judiciária", desenvolvida em uma relação processual, é uma espécie extraída do exame das "Provas"; a outra espécie é a "prova judicial", aquela construída dentro do sistema do direito positivado (Gilissen, 1995, p. 712).

Nessa perspectiva, cumpre questionar: até que ponto o processo eletrônico interfere na postura e posição dos sujeitos processuais? O processo judicial em meio virtual conseguiu melhorar o Judiciário e os procedimentos jurisdicionais? Quais os riscos da virtualização do processo e como se pode minimizá-los? A forma de organizar a produção da prova no processo eletrônico é a mesma do "processo de papel"? Quais os impactos no direito probatório da realização do processo em meio virtual? No direito processual democrático, de que maneira se deve estruturar este procedimento probatório?

A essas perguntas é que se pretende trazer contribuição, apesar das limitações inerentes ao tema, haja vista que toda discussão sobre tecnologia "já nasce velha".

Esta obra foi desenvolvida e se pretendeu oferecer resultados generalizáveis, não sendo considerado estudo de caso, razão pela qual as técnicas e procedimentos utilizados foram de cunho teórico, de levantamento bibliográfico e documental.

Cumpre também esclarecer que não se pretende apresentar respostas em definitivo. O objetivo é trazer, em linhas teóricas e de construção lógica, mas sempre passíveis de crítica científica, um possível caminho em busca do amadurecimento e desenvolvimento da Democracia.

Assim, a presente obra traz, em um primeiro momento, algumas considerações importantes sobre o Direito, a tecnologia e o processo, além dos impactos pela implantação do processo em meio virtual (processo eletrônico), em relação às partes, aos advogados, ao julgador (humano ou robô) e aos excluídos digitais.

No segundo capítulo, foi apresentado o panorama histórico e arcabouço legislativo que permitiram a implantação do processo eletrônico no Brasil. Em seguida, foram apresentadas as terminologias e o significado do processo eletrônico, sendo analisados alguns de seus principais programas e softwares. Tratou-se também da gestão judiciária do processo eletrônico pelo Conselho Nacional de Justiça (CNJ), de seus principais programas e políticas públicas, bem como dos avanços a partir da adoção da Agenda 2030 pelo Judiciário.

No terceiro capítulo, são analisados alguns institutos do direito probatório: o direito constitucional à prova; o resultado da prova e o seu reconhecimento como instituto jurídico; a estrutura procedimental da prova; os contornos teóricos sobre o objeto da prova; a prova lícita e ilícita.

O quarto capítulo traz os impactos no direito processual democrático da prova em ambiente virtual. Trata, especificamente, da demonstração dos fatos a partir das mídias eletrônicas, suas características, tecnologias e da questão da segurança; da importância da identificação dos atos nos procedimentos em meio eletrônico; da prova eletrônica, digital e digitalizada; das provas eletrônicas e da exigência de um objeto corpóreo; da guarda da prova.

O último capítulo traz algumas ideias para a evolução teórica processual no âmbito probatório. O capítulo intitulado "Técnica

Processual e Controle das Provas Eletrônicas no Processo Civil" coincide com o nome deste livro.

A primeira parte traz considerações sobre motivação e prova, visando contribuir na temática da livre convicção do julgador considerando o ambiente virtual; após, é apresentada a estrutura procedimental da prova eletrônica, considerando as fases da prova para, posteriormente, se concluir pela importância do dever de fundamentação e do saneamento do processo para a redução de erros no procedimento probatório virtual. O último item trata da necessária superação de entraves em relação à prova eletrônica no direito processual civil, considerando a insegurança na coleta, guarda, apresentação, valoração e valorização da prova, a comprometerem a sua eficiência no processo, frente a uma Constituição democrática.

Neste prisma, a obra busca reduzir o(s) problema(s) da "transição" do sistema processual do meio físico para o eletrônico, considerando, também, a inserção das provas digitais no processo civil e a obrigação do Estado quanto ao cumprimento do devido processo legal no exercício da atividade jurisdicional, preservando-se transparência e fiscalidade.

O processo eletrônico deve ser regido por uma teoria objetiva, que tem como eixo a racionalidade para o fim de efetiva redução de erros, a fim de prevalecer a sua concepção como um direito das partes, não de mera atividade sensitiva do juiz.

Ao mesmo tempo e de forma mais imediata, é necessário pensar em maneiras de redução das limitações dos sistemas atuais de processo eletrônico, permitindo maior adaptação dos institutos do processo a essa preocupante era virtual. Trata-se de uma realidade complexa e dinâmica, que precisa ser entendida pelos operadores do Direito.

A partir do que foi apresentado, deve prevalecer a ideia de que o problema da desmaterialização, que advém com a virtualização do procedimento, não pode agravar as dificuldades que o Direito e o processo já enfrentam, de uma atuação solipsista do julgador, sem se preocupar em obter uma construção decisória com a participação dos seus destinatários.

Diante de todo o exposto, em linhas introdutórias sobre a temática, a expectativa é que este estudo seja útil à comunidade jurídica e à sociedade, delimitando o assunto e aprofundando nas questões centrais, a fim de contribuir para a construção de uma análise do instituto da prova eletrônica no plano epistemológico do processo constitucional no Estado Democrático de Direito.

CAPÍTULO 1

A VIRTUALIZAÇÃO DO PROCEDIMENTO JUDICIAL E SEUS IMPACTOS

Apesar de passados vários anos da virtualização do procedimento judicial no Brasil, ainda se verifica a existência de preocupações de natureza prática e teórica.

A fim de melhor analisar os principais questionamentos levantados sobre esta temática, deve-se, inicialmente, trazer toda a complexidade dos sistemas digitais adotados e do próprio Judiciário brasileiro, bem como avaliar, de forma detalhada, os impactos até então verificados pela introdução do processo judicial em meio virtual.

Sabe-se que a qualidade do processo eletrônico traz consequências na efetivação de direitos fundamentais, na construção do Estado Democrático de Direito e na própria percepção de justiça. Erros operacionais e dificuldades na utilização segura destes sistemas também prejudicam a eficiência dos procedimentos jurisdicionais e afetam a credibilidade do Judiciário.

Com o intuito de reduzir essas preocupações, será apresentado neste capítulo um panorama a considerar a(s) nova(s) realidade(s) do Judiciário a partir da introdução do processo judicial virtual.

O objetivo é apontar considerações iniciais teóricas capazes de contribuir para o desenvolvimento de alternativas a impedir que o avanço tecnológico no Judiciário represente um retrocesso democrático, permitindo-se uma "adaptação" inadequada dos institutos jurídicos à nova era digital.

1.1 Sobre Direito, Tecnologia e Processo

O direito processual, ao longo da História, sofreu grandes modificações. A partir do avanço da tecnologia, máquinas de escrever e carimbos foram substituídos por computadores, tendo o Judiciário, em fase seguinte, passado a desenvolver seus sistemas de informatização processual, visando a celeridade, racionalização e modernização dos procedimentos.

A maioria das pessoas acreditava que o processo eletrônico resultaria apenas na passagem de um meio de comunicação – papel – a outro, o meio virtual. Mas a imaterialidade do processo eletrônico obriga uma análise profunda de teorias e das práticas processuais, reconhecendo-se se houve uma alteração dos paradigmas jurídicos, sociais e políticos do processo.

As etapas que antecederam à implantação do processo judicial em meio virtual remontam aos anos 2000.

Naquela época, foram apresentados alguns projetos no sentido de se promover informatizações pontuais pelo Judiciário, até se chegar ao que se convencionou a chamar, posteriormente, de "Processo Judicial Eletrônico (Pje)".

A criação inicial de plataformas com a finalidade de gestão de processos, sobretudo de gestão de documentos em meio virtual, é que permitiu o reconhecimento da existência de dados no Judiciário passíveis de serem tratados por máquinas, bem como da possibilidade de promoção de uma gestão mais sofisticada do sistema processual.

Entretanto, segundo informações colhidas no *site* do Conselho Nacional de Justiça (CNJ), plataformas específicas para o Judiciário surgiram apenas em 2004, quando foi criado um sistema de acompanhamento processual destinado à tramitação de processos em meio eletrônico. Tratava-se do sistema Creta, desenvolvido pelo Tribunal Regional Federal da 5ª Região, cuja finalidade era a tramitação dos processos dos Juizados Especiais Federais daquele Tribunal (CNJ).

Esse sistema expandiu para os outros Tribunais em 2009 (Projeto Creta Expansão), com a celebração de termo de acordo de cooperação técnica de n. 73/2009. O intuito era conjugar esforços entre todos os órgãos do Judiciário para a adoção de estratégias tecnológicas que permitissem a utilização do software em todos os procedimentos judiciais, de maneira configurável e flexível, considerando as características peculiares do trâmite processual de cada ramo da Justiça.

No ano seguinte (2010), foi celebrado um outro acordo de cooperação técnica, de n. 43/2010, entre o CNJ e 14 Tribunais de Justiça Estaduais. Somente nesse acordo que o "Creta Expansão" passou a ser denominado de "Pje".

Somente em 2013, com a publicação da Resolução 185 do CNJ, que se instituiu o Sistema Processo Judicial Eletrônico – PJe como um sistema de processamento de informações e prática de atos processuais, estabelecendo-se quais seriam os parâmetros para sua implementação e funcionamento.

Inobstante o panorama histórico trazido, usualmente se apresenta como marco inicial do processo eletrônico a Lei n. 11.419, de 19 de dezembro de 2006.

Assim, desconsidera-se os projetos anteriores, que também contribuíram para se promover a mudança dos "autos de papel" para os "autos em meio virtual". Entretanto, é importante conhecer todas as etapas, principalmente para compreender o futuro do Judiciário no Brasil.

Além disso, é relevante considerar que essa mudança para o virtual não deve ficar restrita às normas para a digitalização dos autos físicos. É essencial garantir que a prática de todos os atos processuais se reproduza no ambiente virtual, substituindo-se com eficiência o "carimbo físico" pelo "carimbo virtual".

Neste ponto, importa ressaltar que ainda é grande a discussão se as plataformas do Judiciário são capazes de conferir segurança jurídica, confiabilidade, autenticidade e integridade.

As principais vantagens sinalizadas para a modernização judicial dizem respeito ao seguinte: encerramento do processo de papel; agilidade na tramitação; custo-benefício do procedimento; tráfego e trânsito do informe, sem congestionamento; redução do número de incidentes; consubstanciação dos elementos probatórios indispensáveis; redução do número de recursos; harmonia entre as instâncias e do Judiciário como um todo; redução do custo de transporte e deslocamento de pessoal (Abrão, 2009).

Além dessas vantagens, aponta-se, ainda: redução de custos ambientais, associados à diminuição da impressão dos documentos; redução de custos operacionais, relacionados à entrega e ao armazenamento de documentos e processos; compartilhamento simultâneo de documentos e processos, para fins de contribuição, acompanhamento da tramitação ou simples consulta; e o aumento da possibilidade de definição, coleta e utilização direta e cruzada de dados e indicadores, em razão da criação de um conjunto de bases de dados de mesma natureza (Gazda, 2009).

Contudo, para além dessas vantagens, no processo judicial virtual é preciso analisar outros temas, como a insegurança e a informalidade, considerando os institutos processuais existentes e a realidade virtual trazida pelas novas tecnologias.

Diante disso, todos os operadores do direito se preocupam com a segurança dos atos processuais em meio virtual, bem como com a integridade e validade dos documentos, tanto os digitalizados como os nato-digitais.

Todavia, tal preocupação não pode frear o desenvolvimento do tema. Não podemos perder a oportunidade de fazer um salto qualitativo no campo processual por receio de permitir que as dinâmicas do processo se operem no meio virtual.

Constata-se, portanto que o dever imposto à comunidade jurídica deve ser adimplido nos mais diversos campos de atuação, que compreendem desde a assimilação das múltiplas necessidades reportadas pelo ordenamento jurídico, decorrente dos direitos dos indivíduos, até a sua completa resolução, no âmbito do direito processual. (Freitas, 2020, p. 85).

A fim de evoluir, é preciso, então, acompanhar e manter análises de como que os sistemas processuais vêm operando. Isso permite avaliar e conjecturar institutos e teorias que podem auxiliar para o desenvolvimento do processo em ambiente virtual.

Trata-se de preocupação essencial para o crescimento do uso da tecnologia pelo Judiciário, principalmente quando já se está a utilizar de Inteligência Artificial (IA) nos Tribunais.

Um dos pontos mais relevantes em relação à virtualização do processo judicial se encontra na construção de um adequado sistema probatório para os processos eletrônicos.

A produção da prova, a partir da evolução da informática, permitiu que os registros nos autos virtuais transcendam a linguagem escrita, agregando sons, imagens e até imagens-sons, em movimento.

Essas mídias, para serem efetivamente integradas ao processo, desafiam sempre uma transposição.

A gravação audiovisual, a título de exemplo, pode promover, de forma mais eficaz, o registro dos fatos do que uma ata de audiência.

Mas o sistema deve permitir "anexá-la", com a garantia da preservação das circunstâncias de maneira suficiente para o seu adequado proveito futuro, em memoriais, em sentença, em recursos, bem como para o seu exame na construção da decisão jurisdicional democrática.

A interação entre diversas mídias no processo virtual o tornou, então, mais complexo que o processo tradicional, físico, registrado; e também mais vulnerável.

Considerando as tecnologias disponíveis – ou mesmo aquelas que ainda estão sendo desenvolvidas- precisamos evoluir e compreender que o momento atual envolve discussões muito além da celeridade processual ou diminuição do tempo dos processos em secretaria.

Não que não seja relevante a redução dos "tempos mortos" dos processos. Entretanto, para a comunidade jurídica, e principalmente para o Direito Processual, em termos de gestão dos processos, reputa-se mais significativo o exame dos impactos do uso da tecnologia para os operadores do Direito e para os jurisdicionados, bem como a viabilidade prática e jurídica da realização de atos processuais de forma "automática", considerando os princípios do devido processo legal e do contraditório.

Portanto, entre o peso das vantagens e das desvantagens da informatização do processo, conclui-se que há, além de pontos positivos e negativos, maior complexidade, a exigir que seja considerada a postura e posição das partes, dos advogados e dos juízes.

Igualmente é necessário verificar se foram sopesadas, desde o início, a exclusão digital e a desinformação da população em geral, que contribuem para segregar o acesso à justiça dos cidadãos.

Para fins didáticos, portanto, é preciso apresentar a problemática inaugural relativa à utilização da tecnologia pelos sujeitos processuais, o que será feito nos itens a seguir. O objetivo é já trazer alguns contornos sobre os problemas jurídicos desta nova sistemática, para qual se busca trazer contribuição.

1.2 O processo eletrônico e as partes

A informatização do Judiciário já é uma realidade capaz de interferir, de forma considerável, na rotina de advogados e das partes. Nesse ponto, cumpre lembrar que, entre os direitos fundamentais garantidos pela CRFB/1988, está o acesso à justiça.

A partir do avanço da tecnologia, Daniel Becker, ao tratar do acesso à justiça, aponta para a existência de uma outra "modalidade" de acesso, qual seja, o acesso à informação jurídica "on line". Segundo o autor:

> O acesso à informação exige que o sistema jurídico seja de fácil navegação, pois a assimetria de informação jurídica é a antítese do ideal do acesso à justiça. Imaginar que só se possa cuidar dos próprios direitos por intermédio de advogados e juízes é o mesmo que acreditar que a única forma de cuidar da saúde seja recorrendo a médicos. [...] As informações jurídicas, tradicionalmente, nunca estiveram disponíveis, em linguagem simples e com fácil acesso; afinal, a assimetria de informação é uma falha de mercado e sempre permitiu ganhos altos o suficiente para que ela fosse preservada de forma quase que sagrada à revelia do prejuízo social por ela causada. (Becker, 2019, p. 91-102).

Defende, então, que essa nova modalidade de acesso à justiça contribui para a redução do excesso de judicialização, sobretudo em relação a disputas que poderiam ser solucionadas pela própria sociedade, conhecedora de seus direitos sociais e civis.

A partir do exposto, verifica-se que, em relação às partes, a interferência do processo em meio virtual está relacionada, principalmente, ao acesso à justiça e, de maneira especial, à possibilidade de acesso direto às informações relativas aos processos, segundo defende Sérgio Renato Tejada Garcia:

> [...] O cidadão que até então nunca viu o seu processo pode agora consultar os autos digitais na íntegra pela internet, mediante uma chave especial de consulta. Poderá ver a petição inicial que seu advogado elaborou e os documentos que a instruíram. Poderá ver a resposta da parte contrária com seus documentos e até repassar informações importantes para seu advogado com vistas a instruir sua argumentação. Poderá inclusive contribuir para uma solução mais rápida do litígio ou até se convencer, em qualquer momento, de que a conciliação é a melhor saída para o caso. Enfim, o autor (ou réu) passa a conhecer e a entender o seu processo e a constituir-se em litigante ativo na relação processual, e não mais um mero expectador na esperança de que um dia a sentença sairá. Não há, pois, mais nenhum reduto para que a Justiça fique escondida do cidadão. (Garcia, 2018).

Outro aspecto relevante é em relação à exposição da lide em ambiente virtual, o que trouxe novas discussões acerca do direito à intimidade e em relação aos sistemas de publicidade das decisões jurisdicionais.

A reflexão mostra-se de extrema relevância, sobretudo porque, com a informatização judicial e a disponibilização de dados processuais pela internet, aumentou-se a exposição.

É sabido que vedar o conhecimento é prejudicial; por outro lado, a exposição exacerbada pode prejudicar o cidadão.

O problema da exposição de dados em ambiente virtual passa pela análise da proteção de dados pessoais, tema que avançou muito nos últimos anos, no Brasil e no mundo.

Diante das graves consequências que podem surgir a partir do uso não autorizado de dados, especialmente de dados pessoais, a questão afeta ao armazenamento e compartilhamento destes passou a ser objeto de interesse dos Estados, o que fez surgir a necessidade de regulamentação da matéria.

Na Europa, veio a regulação pela General Data Protection Regulation (GDPR), aprovada pelo Parlamento europeu em 2016 e em vigor desde maio de 2018.

No Brasil, criou-se a Lei n. 13.709/2018, conhecida como LGPD, que dispõe sobre tratamento e proteção de dados pessoais, inclusive nos meios digitais.

Sabe-se que a proteção de dados pessoais é uma extensão da proteção legal da intimidade. Estado e sociedade podem ter direito, como regra geral, ao conhecimento do "outro", mas somente se houver necessidade. Do contrário, é preciso preservar ao máximo a privacidade dos dados, em observância à tutela constitucional da intimidade.

> Diante de todos esses riscos significativos, que vão muito além da violação à privacidade, representando ameaça a diversos outros direitos da personalidade, decorre a necessidade de controle na coleta, produção, recepção, classificação, utilização, acesso, reprodução, transmissão, armazenamento e eliminação dos dados pessoais, o que se busca no Brasil por meio da LGPD, que entrará em vigor em agosto de 2020. Trata-se de assunto recorrente em inúmeras espécies de relações – presenciais ou virtuais – que se estabelecem na sociedade, sejam elas de consumo, trabalhistas, com a Administração Pública, empresariais, entre muitas outras. (Roque, 2019, p. 16).

A lei já está em vigor, pelo que prevalece a orientação no sentido de que devem ser vislumbradas restrições no tratamento de dados pessoais, bem como maior controle no uso desses.

Segundo o artigo 1º da LGPD, a lei tem o objetivo de "proteger os direitos fundamentais de liberdade e de privacidade e o livre desenvolvimento da personalidade da pessoa natural" (Brasil, 2018a).

Por se tratar de uma lei que regula os deveres de proteção por aqueles que armazenam informações alheias, considera-se que a LGPD representa um bom começo para que a segurança da informação possa existir na era do Big Data.

Inspirada na regulação europeia sobre o tema, a LGPD se aplica a qualquer operação de tratamento realizada por pessoa natural ou por pessoa jurídica de direito público ou privado, independentemente do meio, do país de sua sede ou do país onde estejam localizados os dados, desde que, conforme se extrai de seu artigo 3º: (i) a operação de tratamento seja realizada no território nacional; (ii) a atividade de tratamento tenha por objetivo a oferta ou o fornecimento de bens ou serviços ou o tratamento de dados de indivíduos localizados no território nacional; ou (iii) os dados pessoais objeto do tratamento tenham sido coletados no território nacional (Brasil, 2018a).

Frise-se ainda que tratamento de dados, segundo o art. 5º, inciso X, da LGPD, consiste em:

> Toda operação realizada com dados pessoais, como as que se referem a coleta, produção, recepção, classificação, utilização, acesso, reprodução, transmissão, distribuição, processamento, arquivamento, armazenamento, eliminação, avaliação ou controle da informação, modificação, comunicação, transferência, difusão ou extração. (Brasil, 2018a).

Ante o exposto, pode-se concluir que todos aqueles que possuem bancos de dados de informações de outras pessoas tem o dever de promover formas de controle, tutela e adequado gerenciamento desses dados, a fim de não comprometerem direitos dos cidadãos.

Nesse cenário, se de um lado há uma preocupação com a defesa da privacidade dos indivíduos no Judiciário, travando-se intensas discussões sobre vazamentos de dados, de outro, há a necessidade de se verificar a existência de interesse público relacionado àquele cidadão, relevante para a comunidade.

Neste ponto, como compatibilizar o interesse público das informações processuais com o direito à privacidade?

Na verdade, a partir das considerações apresentadas a respeito da relevância dos dados processuais para a utilização das novas tecnologias no Direito, cumpre indagar se é possível um sistema adequado e eficiente de proteção dos dados processuais pelo Judiciário.

Sabe-se que o Judiciário deverá atender à LGPD. A referida lei dedica um capítulo com nove artigos (Capítulo IV) exclusivamente para abordar o tema "Tratamento de Dados Pessoais pelo Setor Público", indicando a integração com a Lei de Acesso à Informação (Brasil, 2018a).

Assim, da mesma forma que as instituições privadas devem observar uma finalidade específica para a realização do tratamento de dados pessoais, também a pessoa jurídica de direito público deve adotar a finalidade pública e o interesse público específicos para a realização de tratamento de seus dados.

Verifica-se, então, que caberá ao Judiciário a garantia de que o uso dos dados segue os propósitos especiais que concernem à execução das funções daquele órgão e, ao mesmo tempo, a ponderação entre a necessidade da publicidade das informações e os direitos dos titulares.

De um exame da lei, contudo, nota-se que os dispositivos da LGPD são genéricos, não mencionando expressamente como deve ser aplicada aos serviços do Judiciário.

Apesar disso, não há dúvida de que o Poder Judiciário deverá respeitar a LGPD, sob pena de se criar uma legislação eficaz apenas no setor privado, sem observância pelo setor público, que certamente possui o maior volume de dados armazenados.

O CNJ criou, através da Portaria n. 63, de 26 de abril de 2019, um grupo de trabalho destinado a elaborar estudos e propostas sobre políticas de acesso às bases de dados processuais dos tribunais, em especial quando há finalidades comerciais. Segundo o ministro Dias Toffoli, a preocupação principal era com "a cautela que se deve guardar quanto ao acesso irrestrito a informações relevantes sobre o cidadão" (Racanicci, 2019).

Em seguida, o CNJ apresentou a Resolução n. 363, de 12/01/2021, que estabelece medidas para o processo de adequação à Lei Geral de Proteção de Dados Pessoais a serem adotadas pelos tribunais (Brasil, 2021).

Referida Resolução traz algumas recomendações para o processo de implementação da LGPD no Judiciário. Contudo, não trouxe nada de diferente do que a própria LGPD já previa.

Em outros países, já existem registros bem-sucedidos de sistemas de guarda e acesso a dados pessoais extraídos de tribunais, com orientações mais específicas.

Na Suíça, por exemplo, foi criado em 2018 um regulamento específico do Poder Judiciário, com prazos e regras detalhadas sobre armazenamento e destruição de dados, e com diretrizes sobre a publicação dos acórdãos. O regulamento explicita as exceções para requerer a não publicação de decisões judiciais ou documentos no site da justiça. No Reino Unido, o Judiciário processa seus dados em conformidade com o Regulamento Geral de Proteção de Dados, com a Diretiva de Imposição Legal e com a Lei de Proteção de Dados Britânica de 2018. Em Portugal, a discussão ainda está em estágio embrionário no Conselho Superior da Magistratura que pretende aprovar uma série de propostas que indicam as peculiaridades inerentes à ação dos magistrados nesta matéria (Paro, 2019).

A partir do exposto, deve-se ter em mente que a discussão envolve a análise do Judiciário como órgão autônomo, sendo certo que, no desempenho das suas funções típicas, a competência das autoridades externas de supervisão será extremamente reduzida diante da garantia da independência dos órgãos judiciais.

Contudo, apesar de ser importante o exame de soluções adotadas em outros países, um comportamento autômato, de mera repetição ou de reprodução de soluções jurídicas, não é capaz de solucionar a questão.

Inobstante, talvez, um bom começo para a segurança da informação seja a conscientização no sentido de que os dados das pessoas físicas têm valor, inclusive econômico, político e social, devendo ser protegidos.

Nessa nova realidade, devem imperar a boa-fé, a prudência e a precaução, que podem partir, inicialmente, de simples medidas, como por exemplo: os juízes poderiam ser treinados em proteger a privacidade ao escrever decisões judiciais; leis poderiam exigir que os nomes dos envolvidos fossem abreviados; ou os veredictos poderiam ser divulgados aos litigantes vários dias antes de sua publicação, para que tivessem tempo hábil para solicitar a edição de alguma informação privada (Brasil, 2018b).

Portanto, não há dúvida da necessidade de conformidade do Judiciário com a LGPD, a partir de orientações específicas, a considerar as particularidades da função jurisdicional, bem como da necessidade de criação de um sistema seguro e eficiente de governança de dados.

A tutela de dados processuais precisa ser pensada, sobretudo com a crescente informatização processual.

Vale registrar que tal orientação não afeta a concepção de que o processo é público, por força do disposto no inciso LX do artigo 5º, que dispõe que: "a lei só poderá restringir a publicidade dos atos processuais quando a defesa da intimidade ou o interesse social o exigirem" (Brasil, 1988).

O problema é que essa publicidade acaba alcançando os dados pessoais que constam nas ações, que, em razão do artigo 7º, §4º, da Lei Geral de Proteção de Dados Pessoais, são tornados manifestamente públicos por seus titulares (Brasil, 2018).

São documentos de identidade, CPF, passaporte, título de eleitor e outros documentos extremamente sensíveis que podem acabar públicos, como é o caso das cópias de declarações de Imposto de Renda e, ainda, comprovantes de residência.

E o grande problema é quando esses dados passam a ser utilizados para despertar ações preconceituosas, podendo violar a dignidade da pessoa humana, por vezes de forma definitiva, permitindo a discriminação.

Por tal razão, há inclusive dificuldade para se mensurar os impactos da utilização ilícita dos dados presentes em ações judiciais, principalmente no que se refere aos danos passíveis de serem verificados, bem como em relação à responsabilização do próprio Estado.

Além das questões acima narradas, é preciso considerar que há consequências para além do processo pela superexposição de dados das partes.

Na verdade, muitas das vezes o próprio indivíduo não tem dimensão dos efeitos da exposição em ambientes virtuais de situações da sua própria vida, essenciais para a resolução de litígios no Judiciário, porém dispensáveis para a criação de "veredictos" sociais.

Como ressalta Maiuí Itacuatiara de Borba Oliveira, a sociedade da informação promove uma mudança de perspectiva sobre a pessoa e a sua identidade pessoal, cabendo analisar todo este contexto social para que se entenda o panorama geral e o percurso jurídico para a garantia do direito à privacidade (Oliveira, 2014, p. 58).

O problema é que, infelizmente, diversas análises se concentram em investimento e desenvolvimento de tecnologias de informação e comunicação, pouco se dedicando ao exame dos efeitos dessas tecnologias no homem, sobretudo em relação ao entendimento global (ou mesmo das particularidades) desse fenômeno.

Por fim, é necessário registrar que é falaciosa a ideia de que eventual criação de embaraços e constrangimentos burocráticos – ou mesmo a restrição da consulta apenas às partes – vai eliminar os riscos de vazamentos e os acessos ilícitos a documentos dessa natureza. Dados podem vazar, independente do meio ou forma de armazenamento.

Neste ponto, é forçoso reconhecer que essa temática interfere no direito à privacidade e na concepção da licitude ou ilicitude da prova, na medida em que impõe limites para a utilização das provas emprestadas, bem como para a própria atuação dos sujeitos processuais quando da produção das provas.

Neste sentido, ressaltam José Carlos de Araújo Almeida e Francis Noblat:

> A publicidade decorrente da midiatização – potencializada pela virtualização – em igual medida, não permite o esquecimento. E não permite a isenção do julgamento. Em contraposição à imparcialidade do juiz diante das partes, um processo midiático não pode ser algo que não seja parcial. [...] Se ao juiz será permitido, além de colher a prova, por seu destinatário, será ainda permitido que produza a prova? Na concepção de quem defende o princípio da conexão ou interatividade, sem dúvida, o juiz passa a ser produtor da prova. E, não será inquisitivo o processo, mas inquisitorial. Não temos imparcialidade, mas um julgador que faz as vezes da parte e ele próprio insere nos autos a prova obtida por meio de consultas na Internet. (Almeida Filho; Noblat, 2014, p. 96-98).

Tutela de dados processuais, portanto, tem relação direta com a (im)parcialidade do juiz, sendo tema a exigir estudos e análises mais profundas pela academia.

Isso deve ocorrer principalmente porque o Estado Democrático de Direito se fundamenta no exercício do poder pelo povo e na limitação deste poder pelas normas do ordenamento jurídico. Qualquer tipo de iniciativa (ou tecnologia) utilizada para desvirtuar este paradigma deve ser combatida.

1.3 O processo eletrônico e o advogado

Em relação ao advogado, desde a implantação do processo eletrônico, é possível verificar que seu cotidiano forense foi consideravelmente alterado.

Atualmente, sem se deslocar de seu escritório, pode o advogado, a partir de cadastro realizado junto ao Judiciário, ajuizar ações, realizar consulta de peças processuais, se manifestar e receber intimações.

Para tanto, os advogados precisam se cadastrar, pessoalmente, nos sistemas judiciais eletrônicos, "momento em que criarão um identificador e uma senha de acesso ao sistema, bem como criarão uma assinatura digital, a qual possibilitará a realização dos atos processuais com a máxima segurança, máxima autenticidade e máxima celeridade" (Carvalho, 2010).

Nesse ponto, outra situação pode ser mencionada. Como o acesso aos autos passa a ser pela internet, é possível verificar a diminuição do movimento de partes e advogados nas dependências do Judiciário.

A virtualização do procedimento judicial também se verifica em outras situações, como por exemplo, na "telessustentação" ou sustentação oral à distância. Nesse "telecomparecimento", o advogado acompanha a sessão de julgamento à distância, nela intervindo, mesmo que não tenha fisicamente comparecido.

Contudo, os benefícios para a atuação do advogado exigem que as informações processuais sejam disponibilizadas de forma coerente e segura pelos tribunais, seus órgãos auxiliares, e pelo Ministério Público (Krammes, 2010).

A Ordem dos Advogados do Brasil (OAB) já se manifestou no sentido de propor legislação que torne as páginas dos tribunais órgãos oficiais de publicação. Tal proposta visa conferir maior agilidade na tramitação dos processos e também sanar as divergências entre publicações dos diários oficiais e das movimentações processuais encontradas nos sites dos tribunais (Krammes, 2010).

Apesar dessa e outras iniciativas para melhorar a segurança jurídica, o que ainda se verifica é que o modelo atual de processo eletrônico não atende a todas as necessidades dos advogados e das partes.

A situação fica mais grave quando se verifica que a virtualização do processo vem sendo implementada por Resoluções dos Tribunais, não podendo partes ou advogados serem contrários a esse sistema.

Sobre este ponto, considera-se preocupante que os modelos de Justiça Digital sejam definidos quase que exclusivamente na concepção dos magistrados, isto é, por meio de provimentos e resoluções do CNJ, com foco principal na atividade de julgar.

Isso porque os sistemas de justiça digital adotados deveriam considerar a complexidade do modelo brasileiro. Trata-se de um modelo heterogêneo, com diversos usuários que precisam trazer suas experiências e questões práticas, a fim de se desenvolver estratégias plurais.

Inobstante, os advogados, muitas vezes, sequer são treinados ou sequer participam dos processos para a definição dos modelos que eles próprios utilizarão, o que dificulta a interação e uso destes.

Advogados, então, convivem com problemas de transparência, de acesso e de utilização.

Do ponto de vista prático, por exemplo, o advogado deveria ser sempre informado previamente se a sua petição seria analisada por Inteligência Artificial ou não, pois tal informação pode interferir, inclusive, na maneira como irá minutá-la. Contudo, isso não acontece.

Ademais, não se pode esquecer que os advogados são os principais usuários do sistema e o que a magistratura é inerte (princípio da inércia da jurisdição). Assim, quem imputa os dados no sistema são os advogados que, em geral, não têm informações suficientes para garantirem as melhores estratégias e assim direcionarem a sua atuação.

Outras inconsistências se verificam, sobretudo em relação às audiências virtuais.

Cumpre ressaltar que a Resolução n. 322/2020 do CNJ, de 01/06/2020, reforçou a realização de audiência virtuais, estabelecendo que as audiências serão realizadas, sempre que possível, por videoconferência. Portanto, as audiências virtuais passaram a ser regra. Somente em caso de impossibilidade técnica ou fática que não ocorrerão na forma virtual (Brasil, 2020).

Segundo Lucélia de Sena Alves, as principais dificuldades apresentadas para a sua realização são: "*a) a ausência de publicidade; b) dificuldade de manutenção de incomunicabilidade no depoimento pessoal; c) dificuldade de identificação das testemunhas; d) dificuldade de intimação, incomunicabilidade e inquirição das testemunhas; e) valoração da prova pelo magistrado; e f) instabilidade de tráfego de dados*" (Alves, 2022, p. 839).

A problemática acerca da incomunicabilidade das testemunhas envolve a previsão do art. 456, do CPC, além da vedação ao acompanhamento do depoimento pessoal por quem ainda não depôs com previsão no art. 385, § 2° e a proibição do depoimento "pré-arranjado" que é baseado em textos já preparados, como prevê o art. 387. Na verdade, sem o controle do ambiente físico, fica quase impossível a observância desses dispositivos, além de outros.

Já em relação aos atos e procedimentos a serem 100% virtuais, seria prudente que fossem previamente "conhecidos" pelos advogados. Deveria existir norma a indicar, por exemplo, o que não seria recomendado de ser realizado virtualmente, seja pela matéria (ações de família, de tutela de interesses de menores, ou criminais), seja pelo risco de exposição de dados sensíveis.

A justiça e o trabalho dos advogados exigem previsibilidade. A ausência desta pode implicar na existência de decisões judiciais autoritárias e casuísticas, afastando-se preceitos próprios do direito processual, desenvolvidos quando do processo físico, mas (ainda) aplicáveis. Neste sentido, ressaltam Flávio Boson Gambogi e Henrique de Almeida Carvalho:

> Finalmente, sem pretensão de esgotamento do complexo debate a ser travado sobre o tema, as iniciativas cada vez mais comuns de relativização das regras de procedimento introduzidas na dinâmica do processo judicial eletrônico não podem se olvidar de que o dito PJe "não se trata de um novo sistema processual, ou um novo processo, apenas um sistema de tramitação, armazenamento de dados, e prática de atos processuais" [...]. Ressalvadas as adaptações necessárias e benéficas trazidas pelo meio eletrônico, o instrumento de solução judicial de conflitos é o mesmo, e as leis processuais vigentes devem, sobremaneira, ser respeitadas. (Boson Gambogi; Almeida Carvalho, 2021).

É fundamental, então, que a questão relativa à regulação saia dos gabinetes e envolva todo os sujeitos do processo, em um espaço público discursivo democrático.

Outro ponto negativo é a determinação de digitalização das peças processuais de autos físicos à cargo das partes, conforme se verificou pela Resolução Conjunta n. 74, de 05 de junho de 2017, editada pelo Tribunal Regional do Trabalho da 3ª Região (Brasil, 2017).

Sobre a questão, vale gizar que a Lei n. 11.419/2006, que trata da informatização do processo judicial, apesar de permitir que os órgãos regulamentem a matéria, não trouxe qualquer determinação no sentido de que a digitalização é ônus das partes; ao contrário, a partir de seus dispositivos, o que se conclui é pela obrigação de digitalização e guarda dos processos físicos pelo Judiciário.

Nesse sentido, manifestou a Ministra Dora Maria da Costa, para quem a "lei 11.419/2006 em nenhum momento remete às partes do processo a obrigação de digitalizar os autos físicos, não podendo, por conseguinte, mera resolução inovar na ordem jurídica, criando um dever de natureza processual não previsto em lei" (Brasil, 2019).

Também o CNJ, para quem a exigência de digitalização pelas partes desconsidera que a transferência ocasiona um ônus que, a *priori*, estaria entre as atribuições dos Tribunais. Assim, seria do Poder Judiciário a obrigação de digitalização e guarda dos processos físicos (OABMS).

Na prática, outra situação interessante se revela quando a própria necessidade de virtualização do processo interfere, diretamente, no direito constitucional à ampla defesa do cidadão.

Em relação ao direito probatório, verifica-se essa dificuldade diante do modo como é constituído o processo eletrônico, enquanto uma série de documentos esparsos e vagamente nominados, o que promove ainda mais a fragmentação do procedimento ordinário fase-a-fase e da produção probatória (Langner, 2017).

As referências aos depoimentos, a título de exemplo, não se fazem mais na indicação da página e da linha onde as afirmações da testemunha ou da parte merecem destaque. Atualmente, a referência é do minuto e do segundo da gravação, ou do arquivo em mídia eletrônica, a fim de assegurar a localização "precisa" da informação analisada.

Nessa nova realidade, cabe ainda ao advogado estar preparado para colher as informações eletronicamente, tendo a preocupação de assegurar que estas sejam devidamente transmitidas para o processo em meio virtual.

Nesse cenário, há um cuidado adicional, no que toca à maneira de armazenar as informações, não somente para garantir a preservação dos dados (que vão interessar ao cliente), como para utilizá-los em momento oportuno, de elaboração das peças processuais.

Segundo o CPC/15, "todos os sujeitos do processo devem cooperar entre si para que se obtenha, em tempo razoável, decisão de mérito justa e efetiva" (Brasil, 2015).

Mas como se pensar em cooperação entre os sujeitos processuais se o próprio processo representa um obstáculo para a manifestação das suas pretensões?

Sobre as dificuldades do atual modelo de processo eletrônico, comentam os autores Humberto Theodoro Júnior, Dierle Nunes, Alexandre Melo Franco Bahia e Flávio Quinaud Pedron:

> Há que se criticar o atual modelo de processo eletrônico por ter sido criado prioritariamente de acordo com os imperativos técnicos, e não necessariamente dos suportes normativos do direito. O sistema deveria partir da lógica de funcionamento do processo e deveria responder aos anseios do usuário, e não dos técnicos (Theodoro Júnior *et al.*, 2015, p. 174).

Diante do exposto, conclui-se que o procedimento eletrônico implementado no Brasil ainda significa um obstáculo para o acesso ao Judiciário.

As dificuldades de uso da tecnologia, ou mesmo os problemas de exclusão social, que se agravam pela ausência de estratégias para efetiva inclusão da população – o que será melhor abordado em outro item desta obra –, criam vantagens desproporcionais entre os sujeitos do processo, impedindo o pleno exercício do contraditório.

Sobre essa questão, o que se pode propor, é que se busquem meios para extirpar a violência que muitas vezes obriga os advogados a submeterem o(s) procedimento(s) em meio virtual, sem garantia de que terão todas as condições para atuarem.

Não se pode ignorar que essa "violência" impede que haja cooperação entre os sujeitos processuais, de modo que tragam, de forma eficiente, os argumentos de fato e de direito que corroborem para a formulação de uma decisão democrática.

Neste tópico, releva considerar, ainda, os problemas operacionais do processo eletrônico, que não podem ser esquecidos, pois aqueles que mais sofrem seus efeitos são os advogados. Consoante ressalta Helena Patrícia Freitas, no processo eletrônico:

> Há uma dimensão funcional da crise, na medida em que o Judiciário não tem sido capaz de dar vazão ao volume de ações propostas, além de não conseguir dar respostas céleres aos jurisdicionados, havendo carência de uma estruturação tecnológica. Hoje, há o processo eletrônico, que apresenta uma imensidão de problemas operacionais, sem contar que os próprios tribunais não conseguiram se adaptar a essa realidade, já que muitos convivem ainda com um misto de antigos processos físicos e a realidade atual dos processos eletrônicos, todos tramitando em uma mesma estrutura. (Freitas, 2019, p. 75).

Além disso, com uma gama incontável de novos instrumentos tecnológicos para a produção da prova, não é tarefa fácil entender os limites para realizar (ou não) a sua produção, conforme ressalta Victor Hugo Pereira Gonçalves:

> Por exemplo, se um investigado tiver informações no seu celular que podem ser úteis à produção de provas num determinado processo, ele deve entregá-lo em juízo? E se o celular estiver bloqueado por sistema de criptografia e senhas, deverá ele criptografar a informação ou entregar a sua senha? Não estaria ele produzindo prova contra si mesmo? O juiz que conduzir uma investigação, em tempos de tecnologias de informação e comunicação poderá desequilibrar a balança da justiça para uma posição favorável a uma das partes, em total detrimento ao contraditório e a ampla defesa. Qual seria a melhor maneira de equilibrar todas as garantias individuais, a produção de verdade no processo e o dever judicial do Estado de produzir decisões e juízos de valor fundamentados sobre um determinado fato a ele trazido? (Gonçalves, 2018, p. 981).

Nessa discussão, há de se considerar também a capacidade de armazenar arquivos de dados "permitidos" pelos sistemas operacionais disponíveis (PROJUDI, E-THEMIS, E-PROC e PJE); a possibilidade ou impossibilidade de interceptação de conversas em meio virtual; a falta de regulação relativa à utilização de *drones* para a produção de provas a partir de imagens aéreas; entre outras questões.

Além disso, outras temáticas precisam ser avaliadas: vazamentos de conversas através de aplicativos ou redes sociais; rastreamentos ilegais; uso não autorizado de sistemas; manipulação de dados pelo Estado, por "hackers", "cyberativistas" ou "cypherpunks" – expressões apontadas por André Del Negri para identificar novos atores políticos do mundo virtual –, entre várias outras (Del Negri, 2018, p. 196-197).

Todas essas discussões são relevantes, sobretudo quando se trata de persecução penal, temática que detém maior complexidade em relação ao exame da licitude ou ilicitude da prova "encontrada". Neste ponto, são inúmeras as discussões passíveis de serem levantadas a respeito da teoria das nulidades e da invalidação da prova no processo virtual.

1.4 O processo eletrônico e o julgador (humano ou robô)

Atualmente, todos os Tribunais brasileiros já estão atuando com processos integralmente em meio digital.

A realização de audiências e sessões por teleconferência, envio de sustentações orais por vídeo, julgamento de processos por meio eletrônico, despachos à distância, adoção do teletrabalho são algumas das providências que, por necessidade, foram intensificadas após a pandemia (Arabi; Santos, 2021).

No que se refere às consequências da implantação deste novo sistema em relação aos magistrados, releva discutir em que medida o processo eletrônico irá afetar as decisões jurisdicionais.

Isso porque, para além das questões relativas à economia de espaço físico ou de papel, é preciso garantir que a função jurisdicional, democrática, não ficará limitada na hipótese de desmaterialização do processo.

Sobre a temática, se verifica, inicialmente, que o processo eletrônico permitiu a automatização de procedimentos.

Possibilitou-se também ao julgador consultar os autos e tomar medidas, ainda que não esteja presencialmente dentro do Fórum ou Tribunal.

Isso dado que, no processo eletrônico, toda presença é "telepresença" (presença à distância), porquanto o processo está "disponível" às partes e ao juízo 24 horas por dia, sete dias por semana.

O próprio CPC/15 traz essa previsão, ao preconizar que a "prática eletrônica de ato processual pode ocorrer em qualquer horário até as 24 (vinte e quatro) horas do último dia do prazo" (Brasil, 2015).

> O PJe é dotado do atributo da ubiquidade, o que significa possibilitar o amplo e integral acesso simultâneo por qualquer usuário e em diferentes locais, inclusive para a prática de atos. O fato, por exemplo, de o feito se encontrar submetido a julgamento na sessão do respectivo órgão julgador não impede que, nesse mesmo instante, o advogado possa ingressar com petição e consultar os autos. (Brandão, 2013, p. 20).

Nesse ponto, algumas considerações que decorrem do reconhecimento desta "disponibilidade" dos autos eletrônicos devem ser feitas.

A título de exemplo, no que se refere ao conhecimento ou admissibilidade dos recursos, os autos eletrônicos dispensam a juntada de cópias do processo principal.

Essa situação ocorre, por exemplo, em relação ao agravo de instrumento, consoante se extrai da previsão do artigo 1.017 do CPC, que dispensa da juntada de documentos relativos aos autos principais, uma vez que podem ser verificados por simples consulta ao sistema do processo eletrônico, pelo juízo de revisão (Brasil, 2015).

O envio de autos, que antes era imprescindível para a apreciação de eventual recurso, passou a ser realizado de forma informatizada, praticamente sem custo e sem a necessidade de, em tempo real, deslocar os autos de um setor para outro.

O processo eletrônico também permitiu maior facilidade para a reprodução de textos, a partir da técnica de atalho conhecida ordinariamente como "*ctrl+c, ctrl+v*".

Nesse ponto, consideração importante foi trazida por Ariane Langner, em estudo sobre os desafios das tecnologias de informação e comunicação no processo judicial:

> É sabido que os sistemas do Judiciário permitem facilmente a reprodução de modelos de decisão previamente formatados. O processo eletrônico não somente facilitará a automatização desse procedimento como, em determinada medida, irá agravar a perda da alteridade. Na tela do computador, nos processos listados para julgar, certamente tudo parecerá semelhante, e ao juiz será possível decidir sem ao menos saber o nome das partes. A indiferença e a tendência de tomar tudo homogêneo é algo próprio da sociedade excessivamente jogada nas novas tecnologias de informação e de comunicação e que sofreu a totalização da técnica. (Langner, 2017, p. 136).

Assim, aponta-se para a possibilidade de um agravamento dos problemas do Judiciário, a partir de decisões "copiadas", de baixa qualidade técnica e jurídica, bem como para o surgimento de uma "Justiça" carente de significação, desmaterializada, destemporalizada e desumanizada.

Pelas facilidades deste sistema, se abre caminho para a existência de "decisões em varejo", desconsiderando o caráter interpretativo do Direito, diante da possibilidade de se reproduzir soluções de outros processos, ignorando as particularidades do caso concreto (Langner, 2017, p. 121).

Além dos possíveis problemas decorrentes da facilidade de reprodução de modelos de decisão, outras questões precisam ser consideradas.

Uma maior preocupação se encontra, atualmente, no emprego de técnicas de inteligência artificial na solução dos litígios.

Harari afirma que o século XXI será dominado por algoritmos, sendo estes uma metodologia que utiliza cálculos para definir problemas ou tomar decisões, almejando copiar os humanos em suas emoções e pensamentos (Harari, 2016, p. 91-92).

Contudo, diversos pontos sobre inteligência artificial no Direito ainda não se encontram bem delimitados. Segundo José Faleiros Júnior, isso ocorre diante da pouca clareza em relação a conceitos importantes sobre o tema:

> Na dogmática jurídica, pouca clareza há em relação a conceitos como "algoritmos", "robótica", "machine learning", "deep learning", "heurística computacional", "computabilidade" e tantos outros... Fala-se em "inteligência artificial" por convenção, embora a própria expressão seja confusa, uma vez que passou a condensar diversos significados, mais se aproximando de um ramo científico multidisciplinar do que de uma tecnologia propriamente dita ou de um processo. Fato é que a expressão pode levar à falaciosa percepção de que algoritmos podem ser "inteligentes" tal como seres humanos. Não o são! (Faleiros, 2022, p. 908-909).

Ademais, enquanto não se estruturar um marco regulatório para a inteligência artificial, com normas gerais de caráter nacional para o desenvolvimento, implementação e uso responsável de sistemas de inteligência artificial (IA) no Brasil, prevalecerão mais questionamentos do que certezas.

E não se trata apenas de se buscar projetos de lei para regular o uso da inteligência artificial, mas se de pensar, igualmente, em outros para tratar de questões "periféricas" que também são importantes.

Como por exemplo, à questão dos empregos, diante do processo de automação que pode levar à demissão massiva de funcionários; ou os prejuízos ao meio ambiente causados pela própria tecnologia, já que os novos modelos de inteligência artificial dependem e consomem muita energia e água.

Na verdade, há diversos impactos "indiretos" causados pela tecnologia que também precisam ser regulados; por tal razão é que tais discussões podem demorar além do previsto.

Apesar disso, a inteligência artificial já se encontra a serviço do Direito. Muitos Tribunais já possuem algum tipo de sistema de IA, que englobam desde programas para automação mais simples, até aqueles mais complexos. Alguns sistemas são voltados para as atividades-meios desses órgãos, em vez de auxiliarem propriamente na gestão de um processo. A título de exemplo, podemos citar *chatbots*, que auxiliam servidores a tirar dúvidas sobre gestão de pessoas e recursos humanos. Também existe o AMON, que coleta fotografias das pessoas que entram com frequência nos tribunais. Assim, esses indivíduos não precisam passar diariamente pelo raio-x para adentrar nas unidades (FGV).

Entre as ferramentas utilizadas diretamente na atividade-fim dos Tribunais, destaca-se: o ATHOS do Superior Tribunal de Justiça (STJ), capaz de identificar e monitorar temas repetitivos que são julgados por este tribunal; o LARRY, do Tribunal de Justiça do Paraná (TJPR), que consegue identificar processos com um mesmo tipo de pedido distribuídos no Estado; a SOFIA, do Tribunal de Justiça de Minas Gerais (TJMG), que esclarece para os usuários do sistema de justiça o conteúdo de decisões judiciais, movimentações processuais e do vocabulário jurídico em geral; a VitórIA do Supremo Tribunal Federal (STF), que agrupa processos por similaridade de temas; o "Bastião", do Tribunal de Justiça de Pernambuco (TJPE), voltado para a identificação e tratamento das demandas predatórias; o GÊPÊ, chatbot do Tribunal do Estado de Rondônia (TJRO), que realiza o atendimento automático da população pela Internet, indicando o caminho a seguir para acessar um serviço ou, até mesmo, iniciar um processo judicial, entre outros.

Há ainda uma terceira espécie de IA que também auxilia na prestação jurisdicional. Todavia, além de classificar e fazer triagem, essas tecnologias auxiliam na elaboração de minutas das decisões, despachos e/ou sentenças. Na verdade, essas tecnologias apontam padrões a auxiliarem na tomada de uma decisão.

Um desses sistemas é o VICTOR do STF, que é capaz de analisar, em poucos segundos, se um processo pode ou não se enquadrar como repercussão geral. Outro exemplo é a ELIS, do Tribunal de Justiça de Pernambuco (TJPE). A ELIS faz triagem de processos e informa se uma cobrança em sede de execução fiscal pode ou não estar prescrita (FGV).

Por último, há um quarto grupo de IA no Judiciário, voltado para a análise de processos judiciais mais antigos, a fim de colher informações relevantes. A partir de informações extraídas de processos anteriores, é possível verificar quais casos são passíveis de se realizar uma conciliação, por exemplo (FGV).

Um próximo passo seria a utilização de inteligência artificial para resumir processos e redigir sentenças. O STF está enveredando esforços para o desenvolvimento de ferramentas neste sentido (Migalhas, 2023, 2024).

O que se observa é que já se encontram bem avançados os sistemas de inteligência artificial utilizados pelo Judiciário brasileiro. Não na ideia de um robô androide perfeitamente inteligente, capaz de agir como um humano, mas como uma ferramenta que "aprendeu" a tomar decisões aplicando, para casos semelhantes, padrões de julgamento.

> Alcançada a etapa da informática de gestão, a etapa seguinte será a utilização de ferramentas da chamada informática decisória. Esta é uma disciplina que investiga como os sistemas computacionais podem auxiliar o processo de tomada de decisão e, em alguns casos, até tomar decisões de maneira autônoma. Neste terceiro grau de informatização, os sistemas jurídicos são ditos inteligentes, pois, em certo sentido, podem simular, imitar a inteligência humana e, através deste processo, decidir e alcançar uma resposta para certas questões. [...] Por meio de uma técnica de programação denominada redes neurais, é possível "ensinar" um computador para que proponha penas para alguns crimes a partir de certos padrões. Uma vez que o programa "aprendeu" a julgar, poderá, para casos semelhantes, empregar os mesmos padrões de julgamento. [...] Outra pesquisa que está atualmente sendo desenvolvida dentro do grupo é a simulação de um "conciliador virtual". Um conciliador humano poderá treinar uma rede neural para propor soluções para demandas judiciais simples; uma vez que a rede aprendeu quais os parâmetros das conciliações, pode, de maneira autônoma, gerar propostas conciliatórias de maneira automática. (Serbena, 2012).

Contudo, a utilização de inteligência artificial para a identificação de processos similares ou idênticos também é preocupante, sobretudo quando não há transparência nesses sistemas, ou mesmo a identificação de erro de classificação ou de agrupamento. Consoante ressalta Marcelo Veiga Franco:

> O Judiciário não é e não deve se transformar em uma instância quase industrial de fabricação em série de decisões judiciais padronizadas, as quais, sintetizadas em dispositivos decisórios formadores de "teses" jurídicas, muitas vezes se mostram dissonantes das circunstâncias peculiares dos casos concretos. Todavia, o exame de dados quantitativos é importante para investigar se o Judiciário está, ou não, adequadamente preparado para absorver uma massificação de conflitos que repercute

diretamente no excesso de provocação da atividade jurisdicional. (Franco, 2018, p. 33).

Ademais, o que se percebe é que a maioria das ferramentas tecnológicas são direcionadas a conferir maior celeridade na produção de decisões judiciais, sem preocupação efetiva com a identificação ou conhecimento dos reais conflitos apresentados ao Judiciário. Neste sentido:

> Como se percebe, a partir dessa análise discursiva, a incorporação de ferramentas de tecnologia e inteligência artificial no direito brasileiro não se faz com o propósito de ampliar o espectro de informações disponíveis para a tomada de decisão, nem de melhorar a qualidade do trabalho dos juízes. Em outras palavras, a tecnologia não tem sido buscada como uma ferramenta para auxiliar qualitativamente a tomada de decisão, mas tão somente para resolver o maior número de casos, no menor tempo possível. Em vez de a inteligência artificial se colocar como "coadjuvante de infungíveis habilidades e virtudes humanas", ela se torna apenas um mecanismo para produzir decisões de forma mais rápida e barata, mas não necessariamente melhores. (Vitorelli; Bortolai, 2021, p. 382-383).

Na verdade, existem sistemas capazes de auxiliar na triagem e na classificação de processos, no exame de juízo de admissibilidade, na identificação de recursos repetitivos, no apoio para a definição dos próximos atos processuais e até mesmo na elaboração de minutas. Falta, contudo, regulamentação da matéria.

A dificuldade de regulamentação se dá por diversas questões. O próprio conceito de inteligência artificial não encontra consenso na doutrina.

Para a presente obra, contudo, se valerá do conceito de Jordi Nieva Fenoll, para quem a ideia de inteligência artificial está conectada ao que se denomina de *machine learning* (aprendizado da máquina) através de decisões e comportamentos habituais humanos (Fenoll, 2018).

Esses comportamentos, a partir de algoritmos pré-programados, isto é, de uma sequência ordenada de instruções que direciona comandos aos robôs, são repetidos pelas máquinas, de forma a otimizar atividades desenvolvidas nas mais diversas áreas (Domingos, 2015).

Portanto, a ideia de inteligência artificial está interligada ao que se denomina de *"machine learning"* (aprendizado da máquina) por meio de decisões e comportamentos habituais humanos.

Sobre essa ferramenta, são os comentários de André Del Negri:

Vê-se em informe oficial do STF, que "Victor" irá ler "todos os recursos extraordinários que sobem para o STF e identificar quais estão vinculados a determinados temas de repercussão geral". Enquanto técnica que possa auxiliar os servidores em camadas de organização de procedimentos e aumentar a eficiência diante de burocracias, ótimo! Até aí nada de inconveniente. Como toda tecnologia, seu crescimento é promissor e seu campo de aplicação prática tende a se ampliar cada vez mais, eis o perigo. Perigo por quê? É perturbante porque o dia que alguém sugerir que a máquina também pode tomar mais decisões, julgar de maneira rápida, as coisas podem enrascar. (Del Negri, 2018, p. 192).

Nesse cenário, importa aqui considerar a necessidade de transparência do algoritmo formatado. No caso do VICTOR no STF, por exemplo, conhecer os critérios da decisão algorítmica é fundamental para fiscalizar a adequada correlação entre os recursos extraordinários e os temas de repercussão geral.

Na verdade, é preciso que as partes conheçam todo o processo de construção do algoritmo, principalmente porque o trabalho do VICTOR pode significar negativa de seguimento do recurso extraordinário, sobretudo na hipótese de reconhecimento de vinculação deste às teses de repercussão geral já julgadas.

Quanto à falta de transparência do algoritmo, são relevantes os estudos de Dierle Nunes e Ana Luiza Pinto Coelho Marques:

> A ausência de transparência do algoritmo também é especialmente crítica nesse caso. Como defender-se de um "índice" sem saber o método de seu cálculo? Como submeter o "índice" ao controle do devido processo constitucional? Por mais que sejam divulgadas as perguntas realizadas, os acusados não sabem como suas respostas influenciam no resultado final (output). Dessa forma, a defesa do acusado torna-se impossibilitada por dados matemáticos opacos e algoritmicamente enviesados, mas camuflados, pela "segurança" da matemática, como supostamente imparciais, impessoais e justos. (Nunes; Marques, 2018, p. 428).

Assim, apesar de se defender algumas vantagens a partir da utilização da inteligência artificial no Direito, não há dúvida de que é preciso conhecer todo o processo de construção de um algoritmo.

Ademais, em se considerando que o algoritmo "aprende" com padrões discerníveis no *Big Data*, duas questões precisam ser consideradas: a primeira, relativa à qualidade e quantidade dos dados utilizados, o que pode interferir no julgamento; e, em segundo lugar, o fato de que se o *Big Data* é um subproduto da atividade humana, sendo provável que padrões preconceituosos estejam presentes na sua atuação.

O termo "Big Data" descreve não apenas a tecnologia apropriada para a captura desses dados, como também o crescimento, a disponibilidade e o uso exponencial de informações estruturadas e não estruturadas que circulam pela Internet (Simão Filho; Schwartz, 2018).

A existência dessas plataformas de base tecnológicas de geração, recepção e transmissão de dados que serão processados, analisados e transformados em algoritmos, é um fenômeno que funciona como base neste conceito de Big Data, a caracterizar a Quarta Revolução Industrial.

Pelo menos duas revoluções tecnológicas estão diretamente ligadas ao gênero do que se convencionou denominar de quarta revolução industrial, qual seja: a revolução dos negócios baseados em dados decorrente da constatação e utilização de novas fontes de dados gerados por meios sociais e pelo crescimento da telefonia móvel e sistemas digitais diversificados de captação da informação e imagens, com potencial para modificar por completo o processo tradicional de geração de valor de uma companhia. A boa aglutinação destes dados, em uma base digital adequada, pode gerar conhecimentos adicionais sobre o interesse, as paixões as afiliações, redes e relações do usuário, além de elementos de fidelização de tal ordem que se otimize ao infinito o processo de captação e prospecção de clientela, e a outra revolução decorrente da implantação da Internet das Coisas. (Simão Filho; Schwartz, 2018, p. 224-225).

O uso dessa ferramenta, então, deve ser vislumbrado com preocupação e vigilância. Não apenas diante da utilidade desses dados para a inteligência artificial, mas sobretudo quando o processamento trata de dados pessoais, inclusive dados sensíveis, que podem ser utilizados para a construção de perfis "indesejáveis", gerando rejeição social ou o surgimento de grupos de "excluídos".

Há ainda outro ponto sensível relacionado à inteligência artificial: o uso da Jurimetria. Este termo foi cunhado para designar pesquisas empíricas e análises estatísticas de julgados (Nunes, 2016).

No direito processual, pela identificação de "padrões" ao longo de processos semelhantes, esses sistemas podem contribuir para monitorar o comportamento de magistrados (*accountability*); identificar comportamentos contraditórios das partes em processos distintos – sobretudo em relação aos litigantes de massa, aí incluído o poder público-; apresentar taxas de reversão e anulação de sentenças; auxiliar nos julgamentos; entre outras vantagens.

Consoante Erik Navarro Wolkart, esse tipo de tecnologia implica em "resolver problemas específicos, identificar conceitos, avaliar a força de determinada prova, subsumir fatos à lei e à jurisprudência e diferenciar a forca dos diversos argumentos" (Wolkart, 2019, p. 757).

Contudo, não se pode perder de vista que a automatização dos procedimentos, sobretudo no que se refere ao exame da prova, pode configurar filtros indevidos ou mesmo jurisprudência defensiva, com a criação de entraves formalistas e muitas vezes contrários à lei, em detrimento do exame do mérito e da solução da controvérsia.

Ademais, no caso de adoção de um sistema para avaliar o posicionamento de juízes e Tribunais, é possível que sejam trazidas conclusões estruturadas em bases pouco confiáveis, diante da base de dados utilizada, pelo que se entende que a pouca divulgação – ou mesmo ocultação – da metodologia estatística adotada para a construção da jurimetria pode transformar o exame de probabilidades em propagação de injustiças.

Assim sendo, eventuais benefícios da tecnologia exigem que as informações processuais sejam disponibilizadas de forma coerente e segura pelos tribunais, seus órgãos auxiliares, e pelo Ministério Público.

A partir da jurimetria será possível analisar os posicionamentos dos julgadores, o que pode significar um engessamento das decisões, sobretudo diante do ideal de manutenção de "coerência" nos posicionamentos.

Todas essas questões que permeiam a desmaterialização dos processos são relevantes, sendo necessário o desenvolvimento de estudos científicos que analisam a tecnologia e o Direito, permeando também o tema das provas em meio virtual.

A despeito da importância desses estudos pelos operadores do Direito, o que se verifica é que, apesar de já existirem diversos sistemas de inteligência artificial em plena atividade no Brasil (além dos já apontados, POTI, CLARA, JERIMUM, RADAR, entre outros), não há treinamento ou preparo adequado para a sua utilização.

1.5 O processo eletrônico e os excluídos digitais

O processo eletrônico deve convergir para assegurar a efetividade dos direitos fundamentais.

Trata-se de perspectiva que ressalta a necessidade de constitucionalização do processo, como defende Kildare Gonçalves Carvalho ao invocar observação de Rosemiro Pereira Leal:

> A constitucionalização do processo impedirá, dessa maneira, que seja ele entendido tão-somente como uma sequência de atos coordenados, passando a destacar como um sistema de garantia dos direitos fundamentais. Nesta linha de pensamento, há o reconhecimento da supremacia da Constituição sobre as normas processuais, e se concebe a Constituição não apenas como um estatuto jurídico do político ou das atividades estatais, mas como um "texto articulador e legitimante de direitos de instituições jurídicas" entre elas o processo e seus princípios do contraditório, da ampla defesa, e da isonomia, reunidos pelo instituto do devido processo legal. (Carvalho, 2005, p. 19-20).

Nessa perspectiva, discorda-se de propostas defendidas por alguns operadores do Direito, no sentido de que se deve buscar a "efetividade do processo". A compreensão correta da função jurisdicional passa, em verdade, pela distinção da expressão "efetividade do processo" de "efetividade do direito" (Rocha, 2012, p. 37).

A "efetividade do direito" ultrapassa o conceito modesto de que a finalidade da jurisdição é a resolução dos conflitos; na verdade, adota-se a ideia de resolução dos litígios pela via da efetivação do direito objetivo e de redução eficiente dos conflitos sociais.

Dentro deste raciocínio, o direito objetivo "é a lei posta como critério de conduta em uma determinada sociedade" (Maciel Junior, 2006, p. 61).

Para o alcance do propósito acima identificado, imprescindível a aproximação do processo civil – o que inclui o processo eletrônico – com a Constituição da República Federativa do Brasil de 1988 (CRFB/88).

Neste sentido, é essencial garantir que o processo eletrônico esteja alinhado com o princípio constitucional de acesso à justiç,a para a promoção de um sistema jurídico justo, eficiente e inclusivo, a garantir o acesso equitativo às tecnologias judiciais a todos os cidadãos.

Sobre este ponto, há considerável preocupação em relação a certos grupos que não se encontram em igualdade de condições para acessar as ferramentas digitais atualmente disponíveis.

Trata-se dos "excluídos digitais". São aqueles indivíduos ou grupos que, por diversas razões, não têm pleno acesso às tecnologias necessárias para participar efetivamente dos processos eletrônicos.

Entre os excluídos estão incluídas: a) pessoas de baixa renda, por não possuírem recursos financeiros suficientes para adquirirem dispositivos como computadores, smartphones ou para pagar por uma conexão de internet estável; b) moradores de áreas rurais ou remotas, por viverem em regiões onde a infraestrutura de internet é precária ou inexistente, limitando o acesso às plataformas digitais do Judiciário; c) idosos, por terem dificuldades em lidar com novas tecnologias devido à falta de familiaridade ou habilidades digitais, além de possíveis limitações físicas; d) pessoas com deficiências, por enfrentarem barreiras em razão de deficiências visuais, auditivas, motoras ou cognitivas, principalmente porque a maioria dos sistemas eletrônicos não são projetados para conferir acessibilidade; e) pessoas com baixo nível de escolaridade: por terem dificuldades em compreender e utilizar as ferramentas tecnológicas; f) grupos marginalizados e vulneráveis, como populações indígenas, comunidades quilombolas, imigrantes e refugiados, que podem não ter acesso fácil a tecnologias digitais devido a barreiras econômicas, culturais ou linguísticas.

É necessário definir políticas para a inclusão digital, a fim de que todo cidadão tenha acesso às tecnologias necessárias para participar dos processos eletrônicos.

Isso envolve, além de acesso à internet e a treinamentos, o compromisso de operabilidade dos dispositivos e plataformas.

As plataformas de processos eletrônicos precisam ser desenvolvidas com foco na acessibilidade. Além disso, a interface deve ser intuitiva e de fácil uso, para que todos possam navegar e utilizar o sistema.

Ademais, é necessário disponibilizar suporte técnico e assistência para aqueles que enfrentam dificuldades ao utilizar os sistemas. Isso pode incluir tutoriais, linhas de ajuda e assistência presencial ou remota.

Programas de capacitação e educação digital igualmente devem ser oferecidos para a população em geral, para que todos estejam preparados para compreender os sistemas eletrônicos.

Neste processo, considerar as diferenças regionais e adaptar os sistemas para atender às necessidades específicas de diferentes localidades pode ajudar a garantir um acesso mais igualitário à justiça.

Em relação ao que foi exposto, contudo, verifica-se que, no Brasil, não foram sopesadas a exclusão digital e a desinformação da população em geral, que contribuem para segregar o acesso à justiça dos cidadãos.

Sobre o Direito como forma de segregação, são relevantes as críticas no sentido de que:

O próprio direito é usado como arma de legitimação da pilhagem e da dominação, sendo moldado por políticos coniventes, empresas dispostas a retirar até a última moeda disponível dos países pobres, e Estados empenhados em manter a hegemonia de seu poder econômico e militar, disponibilizando um aparato de instituições, principalmente bancárias, para dar suporte ao fluxo migratório das riquezas. (Maciel Júnior, 2018, p. 21).

Ariane Langner, em estudo sobre os desafios das tecnologias de informação e comunicação no processo judicial, lembra ainda que:

> Corre-se o risco de um nefasto apartheid digital e de uma elitização do processo, na medida em que os que mais têm necessidade de auxílio do Estado para dirimir seus conflitos se encontram excluídos digitalmente ou marginalizados pela sociedade da informação, de forma que aqueles que possuem acesso à justiça terão maiores condições de se utilizar das vantagens do processo eletrônico. De fato, o processo eletrônico poderá agravar o fosso que existe entre acesso e exclusão, uma vez que os sistemas na sociedade não serão capazes de suportar essa conjuntura mais complexa. (Langner, 2016, p. 128).

Diante do exposto, apesar dos possíveis benefícios do processo em meio virtual, deve-se reconhecer que, enquanto o Estado for insensível e ineficiente, a informatização dos processos será mais uma forma de segregação, principalmente em relação à população desfavorecida e desinformada.

CAPÍTULO 2

A INFORMATIZAÇÃO DO JUDICIÁRIO NO BRASIL

O processo eletrônico no Brasil, também conhecido como processo judicial eletrônico (Pje), é uma iniciativa destinada a modernizar e tornar mais eficiente o sistema judiciário do país.

Sabe-se que o movimento para a digitalização dos processos judiciais começou no início dos anos 2000, com o objetivo de reduzir a morosidade da Justiça brasileira e aumentar a transparência e eficiência dos processos.

Este movimento se intensificou com a pandemia, que acelerou a adoção de novas tecnologias digitais no Judiciário, com audiências e julgamentos sendo realizados de forma virtual, a fim de manter a continuidade dos serviços judiciais durante as restrições sanitárias.

Atualmente, os próximos passos para se pensar no futuro do Pje envolvem a Inteligência Artificial – diante do crescente interesse em utilizá-la para otimizar a análise de processos, identificar padrões e auxiliar na tomada de decisões judiciais –, e a integração entre os sistemas existentes nos tribunais – a fim de facilitar o intercâmbio de informações e a uniformidade dos procedimentos.

Para compreender estes desafios é necessário analisar a legislação sobre o tema e a importância do CNJ (Conselho Nacional de Justiça) neste processo, o que será feito no presente capítulo.

2.1 Sobre a normatização das inovações tecnológicas, o Processo e o Tempo

Após mais de uma década de surgimento do processo eletrônico (Pje), não é possível vislumbrar que este sistema trouxe apenas melhorias.

Muitas questões ainda precisam ser profundamente discutidas, para se alcançar uma maior segurança jurídica no ambiente digital.

Neste processo, importa, a rigor, criar um ambiente efetivo, com configuração jurídica própria, que o qualifique por um conjunto de princípios e regras democráticas, a fim de sanar o "vazio" e a insegurança jurídica presente nos textos legais até então produzidos.

Entre os direitos fundamentais garantidos pela Constituição da República, está o acesso à justiça.

Para Mauro Cappelletti e Bryant Garth (1988, p. 12), o acesso à justiça é "o requisito fundamental – o mais básico dos direitos humanos – de um sistema jurídico moderno e igualitário que pretenda garantir, e não apenas proclamar os direitos de todos".

As chamadas ondas renovatórias de acesso à Justiça de Cappelletti e Garth sempre fomentaram diversas pesquisas acadêmicas. Atualmente, no entanto, influenciaram para o surgimento de novas ondas, trazendo estas algumas preocupações com enfoques éticos e políticos.

Atualmente, é possível verificar o seguinte: uma quarta onda, que considerou o acesso à justiça dos operadores do Direito, bem como a forma como a justiça é administrada; uma quinta onda, preocupada com o processo de internacionalização da proteção dos direitos humanos; uma sexta onda, atenta às iniciativas e novas tecnologias para se aprimorar o acesso à justiça; e uma sétima onda, focada na superação da desigualdade racial e de gênero nos sistemas de justiça (Nunes; Malone, 2023, p. 374).

O desenvolvimento das novas tecnologias de informação e comunicação, que representam a sexta onda, é que interessa para a presente obra, sendo essencial se pensar em novas tecnologias para os sistemas de justiça e, ainda, na regulação destes sistemas, para efetivamente representarem um avanço democrático.

Neste ponto, algumas questões precisam ser verificadas, no que tange, por exemplo à segurança sob a ótica de invasões; demora na alimentação e sistematização do processo eletrônico; modificação e adulteração do armazenamento; leitura de sistemas inviabilizada pelo servidor ou gerenciador; elevado custo para consolidar o processo eletrônico; nulidades no procedimento; dificuldades da assimilação pela população desse instrumento de justiça; congestionamento do sistema; frequente perda de sinal; entre outros (Abrão, 2009 p. 159).

Ademais, dificulta a normatização a ausência de um processo eletrônico uniforme, a começar pelo grande número de sistemas adotados pelo Judiciário, que, em sua maioria, apresentam incompatibilidades.

A ideia inicial era a de que cada Tribunal pudesse criar uma plataforma própria para promover a gestão dos processos em autos eletrônicos. Contudo, isso permitiu o surgimento de inúmeras plataformas (atualmente são apontadas mais de 50) que, muitas vezes, são incompatíveis entre si.

Agrava a situação o fato de não haver treinamento ou preparo adequado aos magistrados, servidores, advogados e à própria população para a utilização destas.

Um outro problema identificado é a obsolescência dos estudos produzidos sobre os temas relativos à tecnologia. Grande parte dos textos legislativos elaborados pelos estudiosos do Direito Digital já nascem velhos.

Este fenômeno atinge também a academia, sendo diversos textos doutrinários taxados como ultrapassados diante das novas descobertas tecnológicas. Os autores Milton Netto e Tainá Junquilho apontam que tal fato pode ser denominado como "Síndrome de Benjamin Button":

> Sofremos de uma generalizada síndrome de "Benjamin Button", por meio da qual os textos produzidos pelos estudiosos do Direito Digital já nascem velhos aos olhos do público, tal como o protagonista do longa-metragem dirigido por David Fincher em 2008, ainda que tenham sido redigidos paralelamente aos fenômenos que investigam. (Netto, Junquilho, 2023).

Na corrida pela normatização das inovações tecnológicas, o Direito está, portanto, em considerável desvantagem, sendo difícil superar este fato diante do desenvolvimento cada vez mais acelerado da tecnologia e das inevitáveis novidades da sociedade em meio virtual.

Por tal razão, é necessária a oferta continuada de pesquisas, com a finalidade de assegurar, neste ambiente virtual, regras gerais, princípios, direitos e garantias fundamentais, na tentativa de construção de uma realidade virtual democrática.

Ademais, verifica-se que qualquer teorização deste processo passa pela garantia da segurança jurídica e pela compreensão de que este efeito "Benjamin Button" é uma das principais características dessas novas relações, sendo a obsolescência, além de um desafio, parte integrante e obrigatória de toda a problematização do Direito Digital.

Portanto, para a regulação das relações da sociedade informacional, é vital reconhecer que o tempo para efetuar novas descobertas e conceber novidades também é estipulador de fronteiras e de limites para a definição de regulamentos e normas.

Assim, o tempo configura elemento a ser considerado, devendo ser capaz de contribuir para a efetividade na pacificação das relações sociais derivadas da tecnologia, sendo preciso avaliar também como as soluções teóricas de estruturação de regras para o ambiente virtual irão conferir maior segurança e tranquilidade a todos os cidadãos, inclusive aqueles excluídos digitais.

É preciso reconhecer que nenhuma legislação será suficiente enquanto a sociedade não se conscientizar da importância do tratamento público e privado dessas questões.

O Estado precisa ser capaz de organizar debates com a sociedade civil e todos os interessados, numa concepção efetivamente democrática, para que todo o desenvolvimento legislativo, de políticas públicas, sociais e econômicas seja efetivo.

Se o Estado e a sociedade civil forem sensíveis às soluções "abertas" e de obrigações recíprocas, a facilitarem a regulamentação do ambiente virtual, a partir de regras gerais e princípios, reconhecendo-se, ainda, deveres e obrigações de boas práticas (*compliance e accountability*), se estará efetivamente contribuindo para evitar a segregação da população desfavorecida e desinformada, além de outras "mazelas", que serão melhor apontadas no item a seguir.

Por outro lado, a regulamentação do ambiente virtual é premissa fundamental para a investigação de alternativas tecnológicas capazes de substituírem tecnologias "frágeis", para que finalmente possam atender às normas criadas.

A ideia, portanto, é a de que o Direito sempre se sobreponha à tecnologia; não o contrário. Isso independente das vantagens verificadas, ou mesmo da urgência em se adotar novas máquinas em prol da humanidade, pois no Direito (Cibernético, informático ou em qualquer outro ramo que se cogite) deve-se reconhecer que os fins não substituem os meios.

Prosseguindo nesta análise, o desenvolvimento das tecnologias de informação e comunicação têm proporcionado vários debates na comunidade jurídica, especialmente em relação aos avanços e às limitações verificadas nos sistemas atuais de processo eletrônico.

Muitos desses debates foram "incorporados" na legislação, na tentativa de se extirpar problemas e de se realizar, de maneira eficiente, a informatização do processo judicial.

Contudo, embora a legislação tenha contribuído, principalmente ao autorizar a utilização de meio eletrônico para a prática de atos processuais, ainda são necessários avanços, sobretudo em razão das restrições trazidas no presente item, causadas diante dos sistemas existentes.

2.2 Panorama histórico e regulação da informatização do Judiciário

A fim de melhor esclarecer como se deu a informatização do processo judicial no Brasil, importante apresentar os principais diplomas normativos criados.

Isso porque, apesar de a Lei n. 11.419/2006 ser identificada como o maior avanço na implementação do processo eletrônico, diversos diplomas legais pretéritos igualmente trataram da matéria.

A Lei n. 8.245, de 18 de outubro de 1991, mais conhecida como Lei do Inquilinato, é considerada pioneira no que se refere à modernização do processo. Foi o primeiro diploma legal a autorizar a utilização de um meio eletrônico para a prática de ato processual (Almeida Filho, 2015).

De acordo com o art. 58, inciso IV, da referida lei, desde que autorizado no contrato, a citação, intimação ou notificação de pessoa jurídica ou firma individual pode ser realizada mediante fac-símile. Todavia, alguns autores apontam que não se tem notícia de que tal procedimento tenha sido muito adotado, diante da necessidade de previsão contratutal (Brasil, 1991).

Outra lei que inovou sobre a matéria foi a Lei n. 9.800, de 26 de maio de 1999, conhecida como "Lei do Fax". Trouxe previsão relevante ao permitir às partes a utilização de sistema de transmissão de dados e imagens tipo fac-símile ou outro similar, para a prática de atos processuais que dependam de petição escrita (Brasil, 1999).

Significou uma evolução no que se refere ao encaminhamento de petições escritas. Contudo, por não afastar a necessidade de apresentação dos originais em juízo em cinco dias, bem como a autuação no processo físico, acabou não representando aceleração do procedimento (Almeida Filho, 2015).

Já a Lei n. 10.259, de 12 de julho de 2001, que tratou da instituição dos juizados especiais no âmbito da Justiça Federal, inovou ao permitir o uso do meio eletrônico no recebimento de petições, sem, contudo, exigir o envio dos originais, conforme art. 8º (Brasil, 2001a). Todavia, referida norma ainda não permitiu o surgimento de um processo virtual, mas apenas de um sistema de digitalização dos documentos de um processo físico.

No mesmo ano, foi vetada a inclusão de um parágrafo único ao art. 154 do Código de Processo Civil de 1973, então em vigor. Pela Lei n. 10.358, buscava-se estabelecer que "atendidos os requisitos de segurança e autenticidade, poderão os tribunais disciplinar, no âmbito de sua jurisdição, a prática de atos processuais e sua comunicação às partes, mediante a utilização de meios eletrônicos".

Neste sentido, pode-se registrar que, se por um lado ocorreu um avanço com a Lei de Informatização dos Juizados Especiais Federais, por outro houve um retrocesso com o veto parcial à Lei n. 10.358/2001.

Importante avanço foi trazido pela Emenda Constitucional (EC) n. 45, de 30 de dezembro de 2004, que introduziu, no título "Dos Direitos Fundamentais", a garantia à razoável duração do processo e aos meios que garantam a celeridade de sua tramitação (Brasil, 2004).

Este acréscimo tem relevante significado, pois permitiu a consagração constitucional do princípio da celeridade processual e a sua elevação a direito e garantia fundamental (Dias, 2015b).

Pouco tempo depois, em 16 de fevereiro de 2006, veio a Lei n. 11.280, que trouxe outra modificação importante, ao alterar o art. 154, parágrafo único do Código de Processo Civil de 1973 (CPC/73), permitindo aos Tribunais a comunicação dos atos judiciais mediante certificação digital (Brasil, 2006b).

Porém, foi com a Lei n. 11.419, de 19 de dezembro de 2006, que se pretendeu dar o grande passo na informatização do processo. A referida lei previu a implantação de um processo totalmente virtual, desde a petição inicial até o provimento jurisdicional, inclusive com a comunicação eletrônica dos atos processuais (Brasil, 2006a).

Contudo, não houve um considerável avanço na instituição do processo virtual no Brasil. Em verdade, tratou a Lei apenas de prever a possibilidade de prática de atos processuais na forma eletrônica, não todo um processamento.

Em verdade, da leitura do art. 1o da referida Lei, o que teremos serão atos processuais praticados por meios eletrônicos e, desta forma, justificamos a nossa ideia de não estarmos frente ao *processo eletrônico*, mas de verdadeiro *procedimento eletrônico*. [...] Avanço houve, sem dúvida, porque se ampliam os conceitos para os Processo Penal e do Trabalho. Mas é preciso analisarmos toda a lei e procurarmos identificar as falhas, para um futuro aprimoramento do que resolveu se denominar *processo eletrônico*. (Almeida Filho, 2015, p. 224).

A Lei n. 11.419/2006 é aplicável aos processos civis, penais, trabalhistas e aos juizados especiais, em qualquer grau de jurisdição (art. 1°). Também às cartas precatórias e rogatórias e às comunicações entre órgãos do Poder Judiciário, bem como entre este e os demais Poderes (art. 7º).

Tarcisio Teixeira defende que, embora a lei seja omissa, parece evidente que a norma também abrange os processos eleitoral, militar, marítimo, entre outros. A título de exemplo, cita os processos no âmbito do CNJ, bem como as resoluções do referido órgão (Teixeira, 2024).

Diante de todo o exposto, conclui-se que apesar da necessidade de criação de meios eletrônicos para a prática de atos processuais, o Brasil ainda carece da "idealização legal" de um processo totalmente virtualizado, considerando todas as suas particularidades -sobretudo em relação à utilização de inteligência artificial-, a fim de adequar o sistema jurídico à realidade atual.

Releva ainda registrar que, com o advento da Lei n. 12.965, de 23 de abril de 2014, conhecida como "Marco Civil da Internet" (Brasil, 2014), permitiu-se o estabelecimento de princípios, garantias, direitos e deveres do meio ambiente virtual. Referida lei organizou os parâmetros jurídicos específicos da tutela do meio ambiente virtual, ao trazer para o âmbito infraconstitucional diversos princípios.

> São tratados diversos princípios, considerados como norteadores deste ordenamento. Alguns se verifica que não são princípios informáticos, como liberdade de expressão e privacidade, mas sim princípios de todo o ordenamento jurídico. Outros não são apontados, como é o caso do princípio da inclusão digital. Verifica-se que é tratado como objetivos da lei. Entretanto, hoje tal situação é considerada como de extrema importância e há esforços conjuntos para a sua aplicação, inclusive por parte da ONU. Outros princípios não são realmente princípios, como o denominado princípio da proteção de dados pessoais, que se trata de um desdobramento da privacidade ou intimidade. (Brant, 2014, p. 258).

Entretanto, para responder às necessidades de "modernização" do Judiciário, bem como de adequação dos procedimentos à sociedade da informação, eram necessários estudos e dedicação, sob pena de se verificar um verdadeiro anacronismo.

Diante das reformas, muitos debates haviam surgido, especialmente no que se refere ao acesso à justiça na informatização judicial. Contudo, até aquele momento, muito pouco havia avançado para uma adequada implantação do processo eletrônico.

Em seguida veio a Lei n. 13.105, de 16 de março de 2015 – Código de Processo Civil (CPC/15) –, que se preocupou em introduzir um Direito Processual Civil no Brasil, cujo objetivo era adaptar as normas processuais às mudanças na sociedade e ao funcionamento das instituições (Brasil, 2015).

A preocupação em relação às normas processuais, longe de ser meramente acadêmica, atendia a uma necessidade pragmática: obter maior funcionalidade das normas processuais e melhor regular o processo.

Alguns dispositivos da Lei surgiram para reger a atividade do juiz, ora conferindo mais poderes, sob o argumento da "celeridade" e da "efetividade", ora apresentando condicionamentos ao seu exercício.

É clara a preocupação com a efetividade e celeridade no texto de apresentação do Projeto do Novo Código de Processo Civil:

> É que; aqui e alhures não se calam as vozes contra a morosidade da justiça. O vaticínio tornou-se imediato: "justiça retardada é justiça denegada" e com esse estigma arrastou-se o Poder Judiciário, conduzindo o seu desprestígio a índices alarmantes de insatisfação aos olhos do povo. Esse o desafio da comissão: resgatar a crença no judiciário e tornar realidade a promessa constitucional de uma justiça pronta e célere. (Comissão..., 2010).

De fato, não há dúvida de que a lentidão judicial representa um grave problema, devendo-se buscar maior efetividade na justiça.

O eterno dilema entre segurança e efetividade que, ao longo da história, tem representado a polaridade a que o Direito Processual não se pode furtar, teve no direito contemporâneo seu pêndulo orientado para o fator da efetividade, com sacrifício da aspiração por uma justiça mais perfeita, prometida pelas formas ordinárias de nosso procedimento plenário comum, mas que tem se mostrado, cada vez mais, uma quimera inalcançável. Na verdade, parece ter se chegado à compreensão de que os procedimentos plenários, apesar de sua intrínseca morosidade, não atendem nem à certeza de uma justiça tão perfeita quanto seu custo, nem muito menos à segurança de um julgamento produzido pela suposta univocidade lógica do raciocínio silogístico, que foi a generosa esperança nutrida pela doutrina moderna. (Gonçalves *et al.*, 2002, p. 223).

Ao tecer considerações sobre o Projeto do Código de Processo Civil (Projeto Legislativo n. 8.046/2010), também destacam Bernardo Gonçalves Fernandes e Renan Sales de Meira a efetividade e celeridade, tendo estas influenciado no aumento do poder dos juízes.

Essa busca pela celeridade e efetividade do processo civil, amparada em tal concepção instrumentalista, é, sem dúvida, o paradigma em que se baseia o mencionado projeto. E, ao se atribuir ao magistrado poderes excessivos, tal corrente torna a realização do direito mais uma atividade particular daquele do que algo construído conjuntamente com as partes. (Fernandes; Meira, 2014, p. 203).

Ocorreram ainda no CPC/15 modificações que promoveram mudanças na estrutura de processamento de ações e serviram para adaptar o diploma processual aos mandamentos previstos nas leis extravagantes anteriormente apresentadas.

O CPC/15 trouxe uma Seção própria, intitulada "Da prática Eletrônica de Atos Processuais", com artigos que se destacam.

O artigo 198, por exemplo, apresentou regra que se preocupa com os excluídos digitais, ao prever que as unidades do Judiciário deverão manter, gratuitamente, à disposição dos interessados, equipamentos necessários à prática de atos processuais e à consulta e ao acesso ao sistema e aos documentos dele constantes, devendo ser admitida a prática de atos por meio não eletrônico no local onde não estiverem disponibilizados tais equipamentos (Brasil, 2015).

Ademais, assegurou que as unidades do Judiciário garantirão, às pessoas com deficiência, acessibilidade aos seus sítios na rede mundial de computadores, ao meio eletrônico de prática de atos judiciais, à comunicação eletrônica dos atos processuais e à assinatura eletrônica – art. 199 (Brasil, 2015).

Apesar da previsão, na prática, pouco se avançou em relação aos excluídos digitais.

Outros dispositivos relevantes, por buscarem aproximar o processo eletrônico do físico, são o artigo 712, que trata da possibilidade de restauração de autos eletrônicos, e o artigo 1.053, que permite a aplicação do princípio da instrumentalidade das formas também aos atos eletrônicos (Brasil, 2015).

Já no que se refere à matéria de prova, é relevante ressaltar que prevê a legislação processual, no artigo 425, a possibilidade de certidões eletrônicas, de maneira bastante ampla, pelas repartições públicas. Tais órgãos públicos poderão fornecer todos os documentos em meio eletrônico, certificando, pelo mesmo meio, que se trata de extrato fiel do que consta em seu banco de dados ou no documento digitalizado (Brasil, 2015).

Contudo, a alteração legislativa de maior repercussão prática no processo é a prevista no artigo 319, dispositivo que passou a incluir o endereço digital da parte como requisito da petição inicial, acompanhada das alterações realizadas pela Lei n. 14.195, de 2021, que alterou consideravelmente o artigo 246 (Brasil, 2015).

Certamente que tal previsão serve para possibilitar a realização de atos preferencialmente por meio eletrônico, quais sejam: de citação, consoante previsão no artigo 246, caput; de comunicação por carta precatória, rogatória ou de ordem, estas informadas e expedidas por meios eletrônicos, conforme previsão dos artigos 232, 263 e 265 (Brasil, 2015).

Até este ponto, o que se pode concluir é que, apesar da insuficiente regulamentação dos atos processuais em meio eletrônico, o direito brasileiro não pode se furtar a apresentar disposições efetivas relativas ao processo eletrônico. Isso porque as regras do CPC/15 não significaram evolução considerável e ainda existem muitas lacunas.

Ao que parece, as preocupações até a entrada em vigor do Código de 2015 centraram-se em desafogar o Judiciário, proporcionando processos mais ágeis, sem implicar, necessariamente, em efetividade na resolução de conflitos em meio virtual.

As novas tendências do processo civil foram apresentadas em prol da celeridade e efetividade, buscando-se, ainda, a segurança jurídica e estabilidade do sistema.

Contudo, para que tais objetivos sejam alcançados, a legislação precisava prever um sistema hábil e eficiente, a permitir a concretização e manutenção dos processos eletrônicos, sem criar uma espécie de procedimento especial para estes.

Atualmente, o ponto principal de discussão envolve a inteligência artificial, o manuseio de sistemas e tecnologias e a implantação de um sistema uniforme e compatível para que um processo judicial integralmente informatizado.

A questão deve considerar, portanto, além de uma análise pontual dos institutos, um exame das tecnologias e das técnicas processuais aptas a promoverem soluções consentâneas com os avanços após 1988, em uma abordagem a considerar os desafios do Estado Democrático de Direito.

O processo virtual surgiu de uma realidade, tendo sido apontado como uma das ferramentas necessárias para combater a morosidade da prestação jurisdicional.

Todavia, o ponto de vista prático deve estar relacionado ao teórico, devendo as alterações do ordenamento jurídico buscarem a efetivação do direito processual, para adaptar-se aos institutos fundamentais do processo, garantindo o acesso à justiça.

Feitas essas considerações, cumpre a seguir investigar em que medida os instrumentos e ferramentas tecnológicas disponíveis para o gerenciamento dos processos conferem concretude aos princípios da celeridade processual, da economicidade e do direito fundamental à efetividade da jurisdição.

2.2.1 Terminologias do processo eletrônico, seus programas e *softwares*

O Direito não pode ser tratado isoladamente. Assim, a inserção digital, além de considerar as concepções jurídicas, está atrelada à Informática. Ademais, quando se trata de Informática e Direito, não se está diante de uma dicotomia.

Neste sentido, a Informática deve ser vista como mera ferramenta que serve para apresentar a tecnologia necessária a fim de otimizar os procedimentos jurídicos, sem se desvincular do objetivo principal do Direito, afeto à solução democrática dos conflitos sociais.

Desponta, assim, uma estreita vinculação entre a Informática e o Direito que faz nascer, para o profissional jurídico, a necessidade de conhecer mais dessa disciplina.

Nessa perspectiva, considerando os avanços da tecnologia e o fim social do Direito, nota-se que a Lei n. 11.419/2006, que dispõe sobre a informatização do processo no Brasil, apresenta falhas.

Inicialmente porque a própria lei não traz um conceito claro do que seria o processo em meio virtual.

Na verdade, já existe certa confusão na identificação dos termos "virtual" e "eletrônico". Contudo, a correta indicação terminológica era necessária, principalmente porque, no âmbito administrativo também se denomina "processo eletrônico" as muitas facilidades oferecidas pela Internet aos cidadãos.

Ademais, inúmeras vezes o processo judicial em meio virtual é referenciado de modo abreviado, como "PJE", "e-jus", "e-jud", "Projudi" ou "e-proc", a depender do órgão ou do sistema adotado em cada Tribunal.

Neste cenário, e considerando que a presente obra compreende, especialmente, a análise probatória no processo judicial em meio virtual, serão utilizadas as terminologias processo judicial eletrônico (ou PJE) e processo eletrônico como sinônimas, ambas capazes de referenciar todos os sistemas que "conduzem" as ações judiciais do Judiciário.

A opção por essas expressões decorre do fato de já serem utilizadas: a primeira, pela Lei n° 11.419/2006, e a segunda pelo CNJ, havendo grande possibilidade de serem mantidas.

Aprofundando na análise dos dispositivos da Lei n. 11.419/2006, cumpre reconhecer que referida legislação autorizou os tribunais pátrios a criarem, individualmente, plataformas eletrônicas para a prática de atos processuais, sem prever a obrigatoriedade de comunicação entre os sistemas. Conforme se verifica pela redação dos artigos 8º e 14º da Lei, a adoção de um sistema padronizado trata-se de medida facultativa (Brasil, 2006a).

Segundo o art. 14 da Resolução, os "sistemas a serem desenvolvidos pelos órgãos do Poder Judiciário deverão usar, preferencialmente, programas com código aberto, acessíveis ininterruptamente por meio da rede mundial de computadores, priorizando-se a sua padronização" (Brasil, 2006a).

Nesta sistemática, ao não apresentar como obrigatória a compatibilidade dos sistemas, mas a mera padronização, permitiu-se um anacronismo: os autos eletrônicos, ao contrário dos autos físicos, podem ter menor celeridade na tramitação.

Os principais programas existentes são: E-DOC (da Justiça do Trabalho), E-STF (do Supremo Tribunal Federal), E-STJ (do Superior Tribunal de Justiça), ESAJ (do Tribunal de Justiça de São Paulo), E-THEMIS (de alguns Tribunais Estaduais, como Minas Gerais, por exemplo), E-PROC (dos Juizados Especiais Federais), PROJUDI e PJE (estes últimos criados pelo CNJ).

O Conselho Nacional de Justiça (CNJ) já editou a Lei n. 11.419 instituindo o PJE como sistema processual eletrônico "padrão" para todo o Judiciário brasileiro. Trata-se da Resolução 185, de 18 de dezembro de 2013, que prevê que referido sistema deveria ser implementado no prazo máximo de cinco anos (Brasil, 2013).

Contudo, como a maioria dos Tribunais já possui seu próprio programa, e diante das discussões sobre qual sistema é o mais "adequado", a transição para o PJE ocorreria, a princípio, de forma paralela, mantendo-se o sistema já utilizado, que deixaria de ser usado quando o PJE estivesse efetivamente instalado e funcionado em todo o Judiciário. Isso permitiu que vários sistemas convivessem em um mesmo tribunal.

Essa convivência de sistemas, todavia, é prejudicial, na medida em que a relação jurídica processual fica "comprometida"; principalmente quando é necessária a "conversão" de determinado feito, incompatível com o sistema relativo à outra instância, dentro de um mesmo Tribunal.

Um modelo de gestão jurisdicional compatível e moderno é responsabilidade do Judiciário, devendo ser concretizado, a fim de tornar este órgão mais "aberto" e democrático, bem como contribuir para promover a atividade jurisdicional de forma regular, escorreita e eficiente.

Uma informatização do Judiciário adequada ao Estado Democrático de Direito obriga a também se pensar em uma nova política de gestão processual e novos contornos teóricos para a implementação eficiente e segura do processo informatizado, revisitando conceitos e teorias, voltados à garantia de direitos fundamentais, especialmente de legitimação das decisões estatais pela participação dos sujeitos do processo na construção do provimento final.

Diante disso, o Conselho Nacional de Justiça, órgão central de coordenação e planejamento do sistema judiciário, vem tentando reduzir esses problemas narrados, especialmente em relação à ausência, na prática, de compatibilidade entre os sistemas.

2.2.2 A informatização do Judiciário como política pública implementada pelo CNJ

A falta de planejamento quanto à informatização dos processos judiciais no país, além de ter ampliado os custos e o tempo de tramitação das ações, segundo auditoria do Tribunal de Contas da União (TCU), resultou em sistemas de baixa qualidade, que prejudicaram o acesso à justiça.

Passados vários anos da criação do Processo Judicial Eletrônico (PJe) pelo CNJ, cujo objetivo era a padronização e unificação do Modelo Nacional de Interoperabilidade (MNI), a fim de permitir a interligação de sistemas, foram notados atrasos e falhas.

Sabe-se que a instauração de um sistema operacional tecnológico, a envolver "92 tribunais, mais de 18 mil magistrados, 272 mil servidores, 13 mil membros do Ministério Público, 6 mil defensores públicos e mais de 1,1 milhão de advogados, além das autoridades policiais, estagiários, juristas, cidadãos com interesse em determinado processo", segundo números do próprio TCU, não é tarefa fácil.

Visando superar todos estes desafios, o CNJ criou, desde diversos projetos, a fim de imprimir maior celeridade no andamento dos processos.

Em um movimento conjunto com a Ordem dos Advogados do Brasil, Ministério Público e Tribunais, foram instituídos projetos para a padronização e unificação dos sistemas, buscando-se interoperabilidade (ou interconexão dos diferentes sistemas) e celeridade processual, além da observância dos direitos e garantias fundamentais do processo, do acesso à justiça, e da qualidade da prestação jurisdicional ao cidadão.

Não há dúvida de que toda a comunidade jurídica tem a ganhar com um sistema uniforme para todos os processos. Essa é a intenção do CNJ.

Porém, juridicamente analisando a questão, observa-se que as Portarias e Resoluções do CNJ não apenas tratam da implantação dos sistemas e de tecnologias. O que está ocorrendo é a normatização de grande parte do processo eletrônico pelo CNJ.

A título de exemplo, pode ser citada a Resolução n. 121/2010, que dispõe sobre a divulgação de dados processuais eletrônicos na rede mundial de computadores, expedição de certidões judiciais e dá outras providências.

O art. 1.º da Resolução vai além da previsão § 6º do art. 11 da Lei n. 11.419/2006. Referido dispositivo prevê que "a consulta aos dados básicos dos processos judiciais será disponibilizada na rede mundial de computadores (internet), assegurado o direito de acesso a informações processuais a toda e qualquer pessoa, independentemente de prévio cadastramento ou de demonstração de interesse", enquanto a lei restringe o acesso às partes e ao Ministério Público (Brasil, 2006).

Um outro exemplo é a obrigatoriedade de cadastramento de empresas e entes públicos nos sistemas de processo eletrônico, a partir da previsão dos artigos 246 e 270 do CPC/15. Tal obrigatoriedade decorre da preferência pela citação e intimação por meio eletrônico.

Em 2022, a Resolução CNJ n. 455 regulamentou a lei e determinou, em seu artigo 18, que as comunicações processuais fossem realizadas exclusivamente pelo domicílio, com exceção da citação por Edital, a ser realizada via DJEN.

Apesar de questionamentos e da ausência de previsão legal, o CNJ também regulamentou o uso do *WhatsApp* como forma de intimar as partes e assim desburocratizar procedimentos judiciais. O uso seria facultativo e aplicável tão somente para os casos em que as partes aderirem.

Nos exemplos acima narrados, não há dúvida de que o CNJ inovou, extrapolando limites regulamentares, o que dá azo a grande insegurança jurídica processual.

Apesar disso, ainda é comemorada toda e qualquer iniciativa do CNJ para centralizar em uma única plataforma a tramitação dos processos judiciais, além de outras iniciativas a unificar os procedimentos.

O que se percebe, então, é que o CNJ tem se mostrado essencial para a modernização e eficiência do sistema judiciário brasileiro. Suas funções envolvem desde a regulamentação e desenvolvimento de sistemas até a capacitação de operadores do direito e a garantia da segurança e acessibilidade dos processos eletrônicos.

O papel do CNJ é, portanto, fundamental para assegurar que a digitalização do Judiciário resulte em um sistema mais transparente, eficiente e inclusivo, beneficiando toda a sociedade e garantindo que todos tenham acesso igualitário à justiça.

Apostando na cooperação e no intercâmbio entre os sistemas como questão primordial, foram apresentados, então, diversos planos de ação. Muitos deles também voltados ao aprimoramento da eficiência, da efetividade, da transparência, e na consolidação de direitos.

Neste sentido são as portarias e resoluções que tratam do sistema de cotas na magistratura, da participação feminina na Justiça, da destinação de recursos recolhidos em ações coletivas, entre outras questões.

Portanto, pode-se considerar que, atualmente, o CNJ elabora políticas públicas.

São políticas públicas comuns e políticas públicas judiciárias, criadas para o enfrentamento de diversas questões, visando contribuir para a concretização de valores fundamentais previstos na Constituição da República.

Apesar de inexistir um "conceito jurídico" de políticas públicas, cabe destacar algumas definições doutrinárias.

Um importante conceito de políticas públicas é dado por Maria Paula Dallari Bucci. Segundo a autora:

> Política pública é o programa de ação governamental que resulta de um processo ou conjunto de processos juridicamente regulados – processo eleitoral, processo de planejamento, processo de governo, processo orçamentário, processo legislativo, processo administrativo, processo judicial – visando coordenar os meios à disposição do Estado e as atividades privadas, para a realização de objetivos socialmente relevantes e politicamente determinados.
> Como tipo ideal, a política pública deve visar a realização de objetivos definidos, expressando a seleção de prioridades, a reserva de meios necessários à sua consecução e o intervalo de tempo em que se espera o atingimento dos resultados. (Bucci, 2006).

A autora ressalta em seu conceito a existência de um processo ou de um conjunto de processos – inclusive o judicial-, de modo que se pode considerar que política pública demanda planejamento, além de um conjunto de atos a fim de realizar alguma finalidade pública.

Tais características também estão presentes no conceito de política pública de Nilson Rosário da Costa, na obra Políticas Públicas, Justiça Distributiva e Inovação:

> Considera-se como política pública o espaço de tomada de decisões autorizada ou sancionada por intermédio de atores governamentais, compreendendo atos que viabilizam agendas de inovação em políticas ou que respondem a demandas de grupos de interesse. (Costa, 1998).

Deste segundo conceito, contudo, emergem outros elementos importantes, quais sejam: (i) a ideia de que a noção do que é público ou do que é do estatal passa a ter conotação mais ampla com a expressão "atores governamentais"; (ii) e a concepção de que em políticas públicas são realizadas ações inovadoras e que respondem a algum grupo de interesse.

A incorporação de uma visão mais flexível do que seria público, somado à ideia de que as ações de inovação respondem a grupos de interesse, é que permitem compreender a existência de políticas públicas comuns e políticas judiciais ou judiciárias, estas últimas específicas e direcionadas aos interesses do Judiciário, a serem realizadas pelo Conselho Nacional de Justiça, órgão de natureza exclusivamente administrativa.

O conceito do referido autor permite escapar de uma concepção de política pública única e monolítica, passando a considerar a heterogeneidade e a existência de grupos sociais na sociedade.

Não há dúvida de que essas concepções não podem ser confundidas com a ideia de vontade absoluta de grupos de interesses ou preferências de elites dominantes; trata-se apenas de possibilidade de se reconhecer que o público cumpre funções que vão além da reprodução de interesses de uma maioria.

Ressalte-se, ainda, que emergem das definições apresentadas neste tópico a concepção de que as políticas públicas não podem ser confundidas com a mera prestação de serviços públicos, ou mesmo a instituição de metas.

Serviços públicos são atividades rotineiras para a viabilização e concretização de qualquer política pública. Já metas são objetivos a serem alcançados e, por si, não traduzem linhas de ação a concretizar direitos ou deveres.

Feitas essas considerações, considera-se que o CNJ, ao longo da sua trajetória, consolidou-se como órgão central de planejamento e coordenação de políticas públicas que visam uniformizar, racionalizar e automatizar procedimentos e processos necessários ao aprimoramento da prestação jurisdicional e à ampliação do acesso à justiça, contribuindo para a efetivação de direitos e o desenvolvimento do país.

Reconhecendo a importância do CNJ e a premente necessidade de se profissionalizar o planejamento e a gestão estratégica, também ressalta Daniel Calazans Palomino Teixeira que:

> Assim, a normatização e a respectiva realização de planejamento e gestão estratégica levada a efeito pelo CNJ é, sem dúvidas, extremamente salutar para o Poder Judiciário; porém não pode se perder na teoria. É necessário que sejam implementadas e disseminadas, na prática, a padronização e a melhoria constante das atividades (gerenciamento da rotina), bem como o planejamento estratégico (com o devido gerenciamento pelas diretrizes), de modo que os órgãos jurisdicionais, por meio de uma alocação proporcional dos recursos disponíveis, possam obter resultados mais eficientes. (Teixeira, 2021, p. 26-27).

Portanto, enquanto a eficiência da jurisdição não for vislumbrada como norma fundamental do processo e como critério de aplicação do ordenamento jurídico, sem adotá-la apenas como "máscara para a implementação violenta das políticas econômicas", a operação dos sistemas de processo judicial eletrônico ficará prejudicada (Freitas, 2019, p. 176).

Feitas essas considerações, cumpre a seguir apresentar os principais programas do CNJ para a implementação do processo judicial eletrônico.

2.2.3 Da Agenda 2030 à Plataforma Única do Processo Judicial Eletrônico

A reforma do Judiciário, promovida pela EC 45/04, teve relevante papel no aprimoramento dos tribunais brasileiros. Aprovada em dezembro de 2004, trouxe alterações significativas para o sistema de Justiça entre as quais se destacam: a) o direto à razoável duração do processo; b) a proporcionalidade entre o número de juízes na unidade jurisdicional e a efetiva demanda processual, considerando a respectiva população; c) o funcionamento ininterrupto da atividade jurisdicional; d) a distribuição imediata dos processos em todos os graus de jurisdição; e) a instituição do Conselho Nacional de Justiça (CNJ), concebido como órgão de controle e planejamento estratégico do Judiciário (Brasil, 2004).

Os três principais aspectos que conduziram a "Reforma do Judiciário" foram a morosidade da justiça ("questões relativas à tramitação dos processos"), o aumento exponencial do número de litigantes ("judicialização da política e abertura do Judiciário para os mais pobres") e o custo do Judiciário ("custo com manutenção dos serviços, incluindo pessoal e patrimônio, como também o custo social que representa o desempenho do Judiciário") (Rodovalho, 2014, p. 23).

A reforma, contudo, não resolveu – e nem poderia resolver – todos os problemas que assolam a crise do Judiciário no Brasil. A resolução desta passa, necessariamente, por diversas outras medidas, tais como a mudança da "cultura do litígio", a necessidade de melhor administração da justiça e pela realização de reformas (Rodovalho, 2014, p. 633-634).

Apesar disso, no tocante à administração da justiça, considera-se que a EC 45/2004 contribuiu para o seu aprimoramento, a partir da criação do CNJ.

Atualmente o CNJ detém papel relevante, em especial, no que se refere à criação de políticas públicas para o Judiciário.

Com efeito, não basta oferecer ao cidadão o acesso à jurisdição. É indispensável que o sistema processual ofereça resultados efetivos, capazes de resolver, em tempo hábil, as pretensões levadas ao Judiciário.

Verifica-se, então, que inobstante o CNJ tenha sido criado para oferecer maior transparência e fiscalização do Judiciário, este acabou sendo responsável por definir todo o sistema de justiça, através de atos normativos que trazem marcos importantes na atuação dos Tribunais (Didier; Fernandes, 2024, p. 367).

Atualmente, o objetivo do CNJ é, principalmente, resolver os problemas de falta de planejamento e de gestão do Judiciário.

Para tal finalidade, adotou a Agenda 2030 para o Judiciário, o que reforçou a mudança de uma concepção meramente fiscalizatória e de controle administrativo para uma concepção de gestão e acompanhamento de políticas públicas, destinadas à concretização da boa administração da justiça no Brasil.

A Agenda 2030 da ONU é um compromisso global assumido em 2015 por 193 países, incluindo o Brasil. O projeto é o enfrentamento dos maiores desafios do mundo contemporâneo, traduzidos em 17 objetivos de desenvolvimento sustentável.

Ao contrário do que muitos pensam, tais objetivos não estão atrelados exclusivamente à preservação do planeta. Trata-se de um plano de ação para melhorar a convivência entre as nações, trazendo mais prosperidade, fortalecendo a paz e permitindo maior inclusão social.

A agenda de Direitos Humanos das Nações Unidas foi recepcionada pelo Judiciário Brasileiro através da Portaria n. 133, de 28 de setembro de 2018, tendo como marco inicial a criação do Comitê Interinstitucional da Agenda 2030.

Mas a institucionalização da Agenda 2030 dentro das metas do Judiciário brasileiro já teve início com a aprovação da Resolução 255, de 04/09/2018, que instituiu a Política Nacional de Incentivo à Participação Institucional Feminina no Poder Judiciário. Na sequência é que se criou o comitê interinstitucional para discutir como as metas da Agenda 2030 se relacionam com o Judiciário.

Há muitas iniciativas no âmbito dos tribunais ligadas aos objetivos da Agenda 2030.

Questões relacionadas à judicialização da saúde; à matéria previdenciária; ao diálogo interinstitucional e às medidas de prevenção à judicialização, são algumas. Também a classificação dos processos e como estes se relacionam com a pobreza, saúde, violência doméstica, regularização fundiária, entre outras questões.

Contudo, importa ressaltar que, mesmo antes da adoção expressa da Agenda 2030 pelo Judiciário, estão sendo desenvolvidos programas de inovação pelo CNJ.

Em sua maioria, são voltados para o desenvolvimento de sistemas e de ações de padronização e de pesquisa. A ideia também é construir um futuro mais inclusivo e sustentável, em atendimento aos objetivos apontados na Agenda 2030 das Nações Unidas.

Em atendimento a esses objetivos, então, criou-se o Justiça 4.0, que tem como finalidade entregar à sociedade uma justiça mais simples, mais transparente, mais democrática e com maiores ferramentas para que os cidadãos possam ter acesso ao Judiciário.

Segundo informação do site do CNJ, o programa visa disponibilizar novas tecnologias e inteligência artificial para impulsionar a transformação digital do Judiciário e garantir serviços mais rápidos, eficazes e acessíveis (CNJ).

Já visando resolver o problema da integração entre os sistemas existentes, foram constituídos laboratórios de pesquisa, inovação e centros de inteligência. Trata-se de mais um dos programas institucionais do CNJ, denominado Laboratório de Inovação, Inteligência e ODS (LIODS).

O programa, criado por meio da Portaria n. 119/2019, tem o intuito de *"institucionalizar o uso da inovação e da inteligência, promovendo o desenvolvimento de alianças estratégicas e projetos de cooperação, considerando o envolvimento de especialistas de todos os setores com o objetivo de trabalhar a Agenda 2030 no âmbito do Poder Judiciário, contribuindo, assim, com o Plano Estratégico do Poder Judiciário e com a melhoria das políticas públicas"* (CNJ).

Segundo o CNJ, são esses espaços institucionais que favoreceram o diálogo e a análise conjunta de demandas repetitivas ou com grande repercussão social, analisando dados, bem como o custo econômico, a fim de permitir a construção de soluções estratégicas e a ampliação da transparência na atuação do Judiciário.

Importa ressaltar que, mesmo antes da instituição formal deste programa, alguns laboratórios foram realizados durante o ano de 2019, considerando temas relevantes do Judiciário, entre os quais se destacam: (i) execução fiscal – ODS 17; (ii) medicamentos – ODS 3; (iii) barragens – ODS 11; (iv) Metas e Indicadores da Agenda 2030.

Assim, muitas das ideias da Agenda 2030 estão vinculadas à regulamentação do processo eletrônico e ao desenvolvimento de novas soluções digitais para o Judiciário, considerando o volume de dados da justiça brasileira.

Vivemos na era da informação, marcada pela intensa produção e circulação de dados. Esse volume imenso de dados afeta diretamente a rotina dos profissionais do direito que trabalham nos tribunais.

Uma forma de otimizar o tempo e tornar os sistemas mais céleres e eficientes foi a partir da utilização desses dados a favor da justiça. Soluções de inteligência artificial, pela classificação de processos, por exemplo, já é possível.

Ao indicar uma classe processual ou um assunto, consegue-se categorizar um fluxo ou documento em um processo, permitindo à máquina promover soluções tecnológicas inovadoras, a partir da coleta de informações e dados estatísticos.

Ressalte-se ainda que a maior parte dos projetos de Inteligência Artificial está voltada para questões internas da justiça, para a tramitação dos processos, para a classificação de documentos e agrupamentos por similaridade (CNJ).

Também está voltada para a identificação de precedentes comuns, como por exemplo, de processos que já foram julgados em instantes superiores, dando visibilidade a estes ao magistrado quando da realização das sentenças.

No ano de 2023, houve um aumento de 17% no número de tribunais com algum projeto de IA, totalizando 62 órgãos contra 53 no levantamento de 2022. No entanto, 33 tribunais ainda não reportaram iniciativas. Todavia, dos 140 modelos mapeados, apenas 37 estão em conformidade e hospedados no Sinapses, plataforma do CNJ para impulsionar a IA no Judiciário (CNJ).

Complementam o programa Justiça 4.0 o Balcão Virtual e o Juízo 100% Digital.

A realidade do Judiciário hoje é virtual, pelo que é essencial a expansão do processo eletrônico a instituição do balcão virtual. Este último foi uma ferramenta importantíssima durante a pandemia, a permitir que os juízes continuassem atendendo os jurisdicionados virtualmente.

Já o Juízo 100% Digital é a realização de todos os procedimentos do processo através da internet. Isso quer dizer que tudo é feito de forma virtual, inclusive o contato com servidores e magistrados.

Assim sendo, como todos os atos processuais são praticados exclusivamente por meio eletrônico e remoto, também serão virtuais as audiências e sessões de julgamento, que vão ocorrer exclusivamente por videoconferência.

Ressalte-se que, atualmente, para que o processo esteja na modalidade Juízo 100% Digital, é necessário fazer a adesão a essa opção quando da distribuição da ação, com a concordância da outra parte, conforme prevê o art. 3º da Resolução 345/2020 do CNJ.

A partir daí todas as movimentações processuais como intimações e audiências, e atos extraprocessuais, como o atendimento às partes e aos advogados, são realizadas de forma remota.

Todos esses programas auxiliam na criação de novos fluxos e formas de trabalho no Poder Judiciário, por meio de diagnósticos a identificar o status da implementação dessas políticas tecnológicas em diferentes órgãos.

Contudo, para um melhor resultado, é fundamental a adesão dos tribunais nesse processo, contando com uma participação ativa de juízes e servidores para a coleta desses dados; além de se exigir esforço de natureza técnica, exige-se cooperação e integração entre os Tribunais.

O objetivo é identificar quais mudanças e práticas adotadas pelos Tribunais conseguiram aumentar a produtividade e garantir eficiência nos resultados. A partir disso, será possível comparar cenários anteriores à implementação dessas políticas, estabelecendo nexos causais entre as variáveis disponíveis.

Nesse processo, então, é relevante o compartilhamento de experiências, bem como de informações para se impulsionar a transformação digital do Poder Judiciário.

Como já ressaltado, a partir de 2006, com a publicação da Lei 11.419, os tribunais começaram a criar sistemas próprios de processos eletrônicos. Esses sistemas, entretanto, não eram interligados e a solução encontrada foi desenvolver um Modelo Nacional de Interoperabilidade (MNI), a fim de conectá-los. Buscou-se, ainda, conectar os sistemas de fora do Judiciário, como os da advocacia, das procuradorias e do Ministério Público.

Para tal integração é que o CNJ criou o Processo Judicial Eletrônico (PJe), para ser o único sistema do Poder Judiciário, o que, na prática, não se consolidou. Atualmente, além de vários sistemas públicos de processo eletrônico, há sistemas privados.

Uma recente iniciativa para resolver este problema surgiu com a Resolução 335/2020, que criou a Plataforma Digital do Poder Judiciário (PDPJ). A ideia é permitir que a conexão entre os sistemas seja feita por meio desta plataforma. Todos os sistemas poderão se conectar, até que, paulatinamente, sejam substituídos pelo PJe.

O PJe continua, assim, como principal solução da PDPJ, podendo, todavia, ser diluído em "módulos", que vão se comunicar entre si e com os demais sistemas. Os módulos são como aplicativos desenvolvidos para celulares, que conseguirão conectar entre si.

A Resolução 335 estabelece, então, que todos os sistemas de processo eletrônico ficam mantidos; mas o desenvolvimento de novas funcionalidades e o atendimento de novas necessidades devem, como regra, se realizar na PDPJ.

Tal solução promete resultar em economicidade, racionalidade e compartilhamento de recursos humanos e materiais em benefício de todo o sistema de justiça.

Ademais, a PDPJ traz um conjunto de padrões e um conjunto de ferramentas que são recomendadas e sugeridas pelo CNJ para o desenvolvimento dessas novas funcionalidades.

Ressalte-se que a PDPJ também é um dos produtos do Justiça 4.0. E a implementação dessas políticas tecnológicas do programa Justiça 4.0 é um passo importante para promover a modernização e a otimização do sistema judiciário brasileiro.

Essas políticas têm um potencial de melhorar a eficiência a efetividade e a economicidade da prestação jurisdicional garantindo o acesso à justiça de forma mais ágil e célere.

Os resultados dos diferentes tribunais e regiões possibilitarão, ainda, a elaboração de novas políticas judiciárias baseadas em evidências, superando-se as desigualdades e permitindo-se identificar e priorizar as áreas que requerem maior intervenção e investimentos.

Por fim, um outro programa do CNJ é o de digitalização de processos.

Com a crescente virtualização dos serviços judiciais e administrativos, a conversão de processos físicos para tramitação em meio eletrônico foi incentivada pela Resolução n. 314/2020 e tornou-se obrigatória por meio da Resolução n. 420/2021.

Essa digitalização é um passo crucial para alcançar as metas do CNH, colocando para todos os cidadãos um acesso mais igualitário à justiça, independentemente de sua localização geográfica ou condição socioeconômica.

Nesse contexto, para que o acesso à justiça e a tramitação processual sejam exclusivamente virtuais, verificou-se a necessidade de edição de normativo que disciplinasse os procedimentos de conversão de suporte e a gestão da documentação digitalizada, em suas diversas vertentes.

Aprovou-se, então, no dia 26 de agosto de 2022, por unanimidade, pelo Plenário do Conselho Nacional de Justiça, a Resolução CNJ n. 469/2022, que estabelece diretrizes e normas sobre a digitalização de documentos judiciais e administrativos e de gestão de documentos digitalizados do Poder Judiciário.

Na mencionada Resolução, são trazidas as diretrizes e os requisitos a serem observados na conversão de documentos para o formato digital e na gestão dos respectivos representantes digitais.

São apresentados os requisitos técnicos mínimos a serem observados para assegurar eficiência, economicidade, sustentabilidade e o uso adequado de recursos materiais e humanos, a fim de se manter qualidade, legibilidade, acessibilidade e usabilidade do documento digitalizado, pelo prazo necessário.

A norma também disciplina a gestão dos documentos e processos já digitalizados.

Trata-se, portanto, de um documento com conceitos básicos aplicáveis à digitalização de todos os documentos judiciais, considerados como patrimônio cultural arquivístico do Poder Judiciário.

Diante das políticas trazidas neste tópico, nota-se a importância do CNJ na promoção de uma atuação única e direcionada, orientada por evidências e dados estatísticos.

A partir delas, é possível melhor visualizar o papel determinante do CNJ como protagonista na elaboração e implementação de políticas públicas.

A questão-chave, contudo, está na necessidade de acompanhamento dos resultados verificados, além da existência de uma abordagem mais incisiva em relação à transparência nas políticas.

Outra perspectiva importante é a ênfase na cooperação entre os Tribunais e todos os órgãos de justiça, em prol da identificação, análise e diagnóstico dos problemas típicos de cada região.

Com os avanços tecnológicos, pode-se construir um futuro melhor para o sistema judiciário brasileiro, baseado em evidências e na colaboração entre os tribunais, com governança nas instituições, atendendo ao objetivo de desenvolvimento sustentável das Nações Unidas, a partir da virtualização da Justiça.

Nesse processo, então, é relevante o compartilhamento de experiências, bem como de informações para se impulsionar a transformação digital do Poder Judiciário.

CAPÍTULO 3

A PROVA NO DIREITO DEMOCRÁTICO

Toda obra que trata do direito probatório precisa considerar a instituição de um modelo cooperativo de processo que repercute na atividade probatória e nos poderes do juiz.

No âmbito probatório, deve-se observar estritamente o direito constitucional democrático, assegurando que todas as partes tenham igual oportunidade de participar do processo, de maneira justa e equitativa.

Ademais, é fundamental garantir o respeito ao contraditório e à ampla defesa, pilares do devido processo legal.

Ao assegurar que as provas sejam obtidas, apresentadas e avaliadas conforme as normas constitucionais, promove-se a transparência e a imparcialidade do julgamento, reforçando a confiança da sociedade no sistema judiciário.

Todavia, com a virtualização dos processos judiciais, há uma preocupação crescente em relação ao valor probatório dos documentos eletrônicos, sobretudo em relação ao grau de segurança e de certeza que podem apresentar.

Os documentos eletrônicos devem ser protegidos contra fraudes, adulterações e acessos não autorizados, o que exige o uso de tecnologias avançadas, como criptografia e certificação digital. Além disso, a certeza quanto à integridade desses documentos é crucial para que possam ser considerados válidos em juízo. Esse cenário demanda um rigor técnico e normativo para assegurar que as provas eletrônicas cumpram os mesmos requisitos de confiabilidade e veracidade exigidos das provas tradicionais.

Para alcançar tal finalidade, contudo, é fundamental a observância dos princípios processuais e constitucionais em todas as fases relativas à produção da prova, pelo que o presente capítulo irá dedicar a apresentar eventuais restrições e regras gerais sobre a prova.

3.1 Prova judiciária a partir do direito processual democrático

No estudo do Direito, as concepções de Poder e de Estado são fundamentais para a compreensão da evolução da ciência.

Nessa perspectiva, o Estado deve ser analisado como instituição fundamental à compreensão do próprio Direito, principalmente do Direito Constitucional, uma vez que o poder estatal, influi na ordem jurídica quando exercitado.

José Alfredo de Oliveira Baracho, a partir de estudos em Carré de Malberg, conclui que as instituições políticas são baseadas no poder político e no Estado; e este último (o Estado), nas ideias de poder e de direito (Baracho, 1977).

Assim, não há dúvida de que a concepção de Estado e de poder é de extrema relevância para os estudos jurídicos.

Sobre o Estado, destaca-se os ensinamentos de Kildare Gonçalves Carvalho, que observa que:

> [...] Nada obstante a importância da Teoria da Constituição, Estado e Constituição revezam-se como conceitos-chave do Direito Público. É que sem entender o Estado não há como entender a Constituição. E a Constituição deve ser entendida não apenas como norma, mas também como estatuto político, para o que há de se reportar ao Estado, cuja existência concreta é pressuposto de sua existência. (Carvalho, 2005, p. 19-20).

Desse modo, a única forma de compreender historicamente o constitucionalismo e o exercício do poder pelo Estado é a partir das concepções de Estado e poder.

O Estado, segundo José Joaquim Gomes Canotilho, é "uma forma histórica de organização jurídica do poder dotada de qualidades", principalmente "a qualidade de poder soberano, que tem como destinatários os cidadãos nacionais" (Canotilho, 1999, p. 85-86).

Já Mário Lúcio Quintão Soares compreende o Estado como um grupo territorial de dominação, a partir da concepção do poder da organização estatal pela espécie de coação que envolve seu exercício, e pela relação de dominação com o território, gerando obrigações para todos (Soares, 2003).

As concepções apresentadas se complementam, na medida em que há constatação de que o Estado está vinculado à organização e ao exercício de poder na sociedade, influindo na ordem jurídica.

A compreensão de poder, por sua vez, tem importância no contexto sociopolítico, na busca do equilíbrio harmonioso entre o exercício do poder político nas suas relações com a sociedade, assegurando, com base nos princípios e regras do Direito Constitucional, direitos e liberdades fundamentais do ser humano.

Marcello Caetano afirma que a sociedade política tem formação e organização no momento em que se institui o poder político. Este "poder" traduz-se na "possibilidade de eficazmente impor aos outros o respeito da própria conduta ou de traçar a conduta alheia", e se consolida "sempre que alguém tem a possibilidade de fazer acatar pelos outros a sua própria vontade, afastando qualquer resistência exterior àquilo que quer fazer ou obrigando os outros a fazer o que ele queira" (Caetano, 1996, p. 5-8).

A relação entre Estado, poder e Direito, portanto, é a de que o Direito é o instrumento do poder do Estado, sendo ainda responsável pela própria existência deste.

Na mesma linha elucida José Alfredo de Oliveira Baracho, a partir de seus estudos em Maurice Duverger (Instituciones Politicas y Derecho Constitucional), por vislumbrar que o Direito é um dos instrumentos essenciais do poder, "que é exercido pelo Estado por meio das constituições, dos códigos, das leis, dos regulamentos, das decisões administrativas e judiciais e dos pronunciamentos dos tribunais, procedimentos fundamentais baseados na coação e na legitimidade" (Baracho, 1977, p. 134-137).

Completa este posicionamento, Georges Abboud, ao dizer, em sua obra Processo Constitucional Brasileiro, que o "direito, historicamente, adquire uma dimensão importante como processo civilizador e racionalizador do poder" (Abboud, 2017, p. 46).

Apresentadas as concepções de Estado e poder, realizado o elo entre estes termos e o Direito, e feitas as reflexões científicas sobre a doutrina, é essencial verificar a concepção democrática de Estado, ponto importante do presente estudo.

A CRFB/1988 elencou expressamente os princípios do Estado de Direito e do Estado Democrático, configurando o Estado Democrático de Direito, objeto explicitado no preâmbulo e no artigo primeiro (Brasil, 1988).

Todavia, o Estado Democrático de Direito não representa apenas o resultado dos elementos constitutivos do Estado de Direito e do Estado Democrático, mas uma evolução histórica que atravessou o Estado de Polícia, o Estado Liberal e o Estado Social, com a superação de grande parte das deficiências dos sistemas anteriores, até atingir o paradigma contemporâneo que inspira várias Constituições, inclusive a brasileira de 1988.

Em pesquisa sobre o assunto, Ronaldo Brêtas de Carvalho Dias indica que o Estado de Direito, em oposição ao autoritarismo do Estado de Polícia (Obrigkeitsstaat ou Polizeistaat), provem de expressão germânica (Rechtsstaat), resultante das palavras Recht (Direito) e Staat (Estado), também definido como "Estado da razão" ou "Estado do entendimento", revelando, na primeira metade do século XIX, teoria criada e desenvolvida por juristas alemães, com destaque para Robert Von Mohl, em sua obra "A ciência policial segundo os princípios do Estado de Direito" (1832 e 1834) (Dias, 2015b, p. 57-58).

Para Ronaldo Brêtas de Carvalho Dias, o Estado de Direito é representado pelo conjunto de normas jurídicas (princípios e regras) constitucionais garantidoras fundamentalmente da liberdade, igualdade perante a lei e segurança das pessoas e cidadãos, além de extenso rol de direitos, liberdades e garantias fundamentais (CRFB/1988, arts. 5º, 6º e 93), entre eles:

> [...] O princípio da igualdade, o princípio da reserva legal e o direito à jurisdição pela garantia do devido processo constitucional, estruturado nos princípios do contraditório e da ampla defesa, com a indispensável presença do advogado (CR/88, art. 5º, incisos I, II, XXXV, LIV e LV, e art. 133); o princípio da separação das funções do Estado (CR/88, art. 2º); os princípios regentes da administração pública, quais sejam: legalidade, impessoalidade, moralidade, publicidade e eficiência (CR/88, art. 37, caput); o princípio da responsabilidade objetiva do Estado (CR/88, art. 37, §6o) e o direito de obter indenização do Estado pelos prejuízos sofridos em razão do erro judiciário ou do tempo que a pessoa ficar presa além dos parâmetros legais e fixado na sentença condenatória (CR/88, art. 5º, inciso LXXV); o princípio da independência dos magistrados, pelas garantias da vitaliciedade, da inamovibilidade e da irredutibilidade de subsídio (CR/88, art. 95); o princípio da fundamentação das decisões emanadas dos órgãos jurisdicionais (CR/88, art. 93, incisos IX e X); o princípio da prestação adequada de serviços públicos pelo Estado

(CR/88, art. 175, parágrafo único, inciso IV); o princípio da prevalência dos direitos humanos nas relações internacionais mantidas pelo Estado brasileiro (CR/88, art. 4°, inciso II); o princípio da incorporação no direito interno das normas internacionais de proteção aos direitos humanos contidas nos tratados internacionais dos quais o Estado brasileiro seja parte (CR/88, art. 5°, §2°); e, o princípio da vinculação dos órgãos legislativos ao Estado de Direito (CR/88, art. 60, §4°, incisos III e IV) e à democracia (CR/88, art. 60, §4°, incisos I e II). (Dias, 2015b, p. 105-106).

O Estado Democrático, por sua vez, baseia-se, na soberania e na vontade do povo, instrumentalizada pelo voto direto, secreto e igual para todos, além do plebiscito, do referendo, da iniciativa popular e do processo constitucional, por meio do direito de ação (ação popular), nos termos do art. 1°, parágrafo único, do art. 14, incisos I, II e III e do art. 5°, inciso LXXIII da CRFB/1988, "próprios para anular atos lesivos ao patrimônio público e à moralidade administrativa" (Dias, 2015b, p. 106-107).

Diante do exposto, adota-se, para o presente trabalho, o conceito de Estado Constitucional Democrático de Direito a partir dos princípios jurídicos da democracia e do Estado de Direito, com aplicação das normas do direito e estruturado por leis, principalmente a constitucional, protótipo baseado na fonte de legitimação do exercício do poder emanado do povo.

Sobre a participação do povo, Marcelo Vicente de Alckmim Pimenta igualmente define que "consectário do princípio democrático é o próprio Estado Democrático de Direito, instituído pela Constituição Federal de 1988. O Estado Democrático de Direito significa a subordinação do Estado à lei e à Constituição, elaborada e promulgada livremente pelo povo" (Pimenta, 2007, p. 135).

Portanto, verifica-se que o Estado Democrático de Direito está estruturado, principalmente, no direito do povo. A democracia remete à ideia de "governo do povo", como disposto expressamente no artigo 1º, parágrafo único, da CRFB/1988, segundo o qual "todo o poder emana do povo, que o exerce por meio de representantes eleitos ou diretamente" (Brasil, 1988).

Das ideias trazidas, defende-se que, no Estado Democrático de Direito, é fundamental permitir a participação, conferindo legitimidade à atuação do Estado nas esferas legislativa, administrativa e jurisdicional.

Como toda a atuação do poder somente deve ser exercida em razão da vontade soberana do povo, este, por meio de uma série de garantias e direitos, consagrados no ordenamento jurídico, também possui direito de fiscalizar as formas de manifestação e aplicação de tal poder, o que garante a legitimidade democrática na atuação do Estado (Madeira, 2009).

No âmbito da função legislativa, o Estado Democrático de Direito exige que o legislador, uma vez eleito, submeta-se aos princípios do processo como instituição jurídica balizadora da soberania popular e da cidadania, cujos fundamentos se assentam na jurisdição constitucional.

A função legislativa é atividade de criação de normas. Francesco Carnelutti a expôs a partir de casos típicos, diferindo-a da função jurisdicional, que declararia preceitos para o caso concreto, deixando as partes de serem meros expectadores (pacientes) para se tornaram agentes, retirando o juiz do centro das atenções no processo (Carnelutti, 1942).

No âmbito da função jurisdicional, portanto, a ideia de soberania do povo resulta no dever do Estado e no direito do jurisdicionado de buscar uma resposta às suas pretensões, com a devida fundamentação, mediante a garantia de ampla participação, observado, assim, o devido processo legal.

Segundo José Alfredo de Oliveira Baracho, "a jurisdição é a função de declarar o direito aplicável aos fatos, bem como é a causa final e específica da atividade do judiciário". A função jurisdicional, para o autor, decorre da existência de um órgão do Estado, revestido de jurisdição, "com a função de fazer atuar a vontade concreta da lei" (Baracho, 1984, p. 78).

Igualmente Marcelo Andrade Cattoni de Oliveira conceitua a jurisdição como o poder (atividade) público-estatal realizado pelos "discursos jurídico-processualmente institucionalizados de aplicação jurídico-normativa" (Oliveira, 2001, p. 160).

Acrescenta-se a essas considerações a definição de Rosemiro Pereira Leal, que define jurisdição como a atividade-dever do Estado, por meio do órgão jurisdicional, de dar e fazer cumprir o direito positivo, com observância das garantias constitucionais do processo e do princípio da reserva legal, condições fundamentais aos provimentos (sentenças e decisões judiciais em geral) (Leal, 2016).

A partir do que foi apresentado, reconhece-se que a função jurisdicional é um poder-dever, sendo exercido pelo Estado a partir de pronunciamentos decisórios, sempre em nome do povo e mediante a garantia do devido processo constitucional.

Assim sendo, não basta o Estado oferecer o acesso à jurisdição; é indispensável que o sistema jurídico normativo apresente meios para se alcançar resultados efetivos, capazes de reverter situações consideradas ilegais.

Portanto, a prova judiciária, a partir do direito processual democrático, não sustenta a aplicabilidade, ou mesmo a criação, pelo Judiciário, de normas relativas ao direito probatório sem a garantia de participação do povo.

Trata-se do abandono da visão privatística e infraconstitucional do Processo, a partir da tendência de constitucionalização do ordenamento jurídico, surgida após a segunda guerra mundial, ao se configurar constitucionalmente o Estado Democrático de Direito.

Registre-se que foi a partir do século XX, quando as Constituições passaram a assumir contornos democráticos, que se iniciaram estudos a correlacionar Constituição e Processo. Foi essa aproximação que proporcionou a "condensação metodológica e sistemática dos princípios constitucionais do processo" (Baracho, 1984, p. 125).

Nesse ponto, a inclusão no texto constitucional, em 1988, de diversas garantias processuais que pretendem a efetividade dos direitos fundamentais, além de aproximar o processo da Constituição, torna o texto constitucional indispensável para o devido processo, pelo que toda a temática da prova também deve ser detalhadamente estruturada segundo o sistema constitucional vigente, o que se propõe a estruturar nos próximos itens deste capítulo.

3.2 O direito constitucional à prova

A prova no Estado Democrático de Direito exige participação, sendo constitucionalizada, por imperativo constitucional. A CRFB/1988, ao inaugurar no Brasil o Estado Democrático de Direito e romper com os institutos do Estado Social, elencou, em seu art. 5º, direitos e garantias fundamentais do cidadão, tendo consignado expressamente a garantia da ampla defesa.

O inciso LV do artigo 5º prevê que "aos litigantes, em processo judicial ou administrativo, e aos acusados em geral são assegurados o contraditório e ampla defesa, com os meios e recursos a ela inerentes"; em relação à temática das provas, acrescenta-se ainda o disposto no inciso LVI, no sentido de que "são inadmissíveis, no processo, as provas obtidas por meios ilícitos" (Brasil, 1988).

Diante das normas constitucionais apresentadas, verifica-se que o texto constitucional cuidou de assegurar, a partir da ideia de ampla defesa, a possibilidade de ampla produção probatória. Contudo, limitou essa possibilidade, proibindo a prova produzida por meios ilícitos.

A limitação constitucional, todavia, não tem a função de limitar o exercício de soberania do povo, principalmente na condição de parte em processo jurisdicional. O objetivo é de superar uma visão individualista do processo, incompatível com os direitos fundamentais de todos os sujeitos da relação processual.

Ademais, no processo penal, a garantia da inadmissibilidade das provas obtidas ilicitamente representa, na verdade, redução do poder do Estado e maior garantia ao cidadão, conforme defende Gilmar Ferreira Mendes:

> [...] A garantia da inadmissibilidade das provas obtidas de forma ilícita, como corolário do devido processo legal, é direcionada, em princípio, à acusação (Estado), que detém o ônus da prova. Quando a prova obtida ilicitamente for indispensável para o exercício do direito fundamental à ampla defesa pelo acusado, de forma a provar sua inocência, não há por que se negar a sua produção no processo. [...] A regra da inadmissibilidade de provas ilícitas não deve preponderar quando possa suprimir o exercício da ampla defesa pelo acusado, sob pena de produzir um verdadeiro paradoxo: a violação do devido processo legal (ampla defesa) com o fundamento de proteção do próprio devido processo legal (inadmissibilidade das provas ilícitas). (Mendes, 2012, p. 85).

Referida limitação também inibe a atividade judicial, na medida em que o julgador não pode se valer da prova ilícita quando da construção da decisão jurisdicional.

Nesse ponto, cumpre registrar que há obrigatória vinculação entre prova, contraditório e convicção do juiz. Sobre essa vinculação, Rui Cunha Martin completa que "a convicção não é, por assim dizer, 'autônoma'. Funciona em estreita dependência da prova, a qual, por sua vez, se faz depender do contraditório" (Martin, 2013, p. 20).

Assim, o exame da prova não pode permitir o solipsismo judicial, devendo o julgador estar vinculado às argumentações das partes fixadas no processo, sob pena de se construir decisões sem democraticidade.

Sobre o papel do julgador na valoração da prova, historicamente, a postura do juiz seguiu três sistemas de apreciação: o sistema da prova legal, o sistema da livre convicção e o sistema da persuasão racional do juiz (Thibau, 2011).

O primeiro sistema, denominado da "certeza legal", é o mais primitivo, tendo vigorado durante a Idade Média até o final do século XVIII (Cappelletti, 2001, p. 70).

O sistema de prova tarifada objetivava evitar o subjetivismo da valoração probatória, na medida em que a lei que determinava o grau de eficácia de cada uma. Portanto, o julgador não teria qualquer reação intelectual perante a prova.

Contudo, o que se verificou nesse sistema é que a certeza dos fatos dependia da manifestação de lei natural ou divina. Referido sistema foi a base do processo inquisitório, segundo esclarece Rosemiro Pereira Leal:

> Nessas épocas tenebrosas, a absolvição ou inocência de alguém era aferida pelo grau de suas virtudes, do acaso protetor, de sua santidade, seu poder mítico ou místico. Aceitava-se o juramento como prova de certeza da fidelidade ou compromisso com a verdade. O vencedor dos duelos (a prova per pugnam) era o escolhido por Deus, dando prova de sua inocência ou de sua bravura sustentada por uma força superior. As pessoas nobres tinham suas palavras tarifadas em graus de importância para demonstrar a verdade em confronto com os figurantes de classes sociais inferiores que quase nada valiam. (Leal, 2016, p. 288).

O sistema da livre convicção, por sua vez, surgiu a partir do momento em que os julgadores passaram a valorar as provas livremente. Esse sistema, que orientou o *common law*, tem suas bases em juízos de equidade e conveniência, sem qualquer preocupação epistemológica.

> [...] No sistema da Livre Convição, o julgador extrai das suas impressões particulares o que lhe parece ser a melhor decisão, pouco importando se o ato decisório encontra-se em consonância com o resultado probatório ou não. [...] A passividade na apreciação que marcou o critério da Prova Legal, é substituída por uma atividade exclusiva e juridicamente pouco demarcada de apreciação probatória pelo julgador, que busca solucionar conflitos por via de sua sensata, talentosa e privilegiada mente. (Thibau, 2011, p. 50).

Apesar da prevalência desse sistema no *common law*, é possível vislumbrar resquícios de sua adoção em outros ordenamentos jurídicos, vinculados ao sistema romano-germânico, como o brasileiro.

A título de exemplo, Vinícius Lott Thibau aponta a previsão do CPP, que permite ao Conselho de Sentença, no Júri Popular, decidir segundo a consciência de seus integrantes (Thibau, 2011).

O último sistema é o da persuasão racional, que se caracterizou por afastar o sistema de tarifação das provas e, ao mesmo tempo, demarcar a liberdade do julgador quanto à apreciação do resultado probatório, a partir da "livre convicção".

Segundo Vinícius Lott Thibau:

> É um método que, rejeitando juízos generalizados e, também, juízos *secundum conscientizam*, tem, na obrigatoriedade de motivação decisória [...] o fundamento jurídico utilizado pela Doutrina Jurídica para embasar uma almejada autorização legal para uma eficiente e direta atuação do julgador na atividade probatória. (Thibau, 2011, p. 53).

Contudo, embora supere os sistemas anteriores, na prática, o método apresenta deficiências, consoante aponta Rosemiro Pereira Leal:

> Afigura-se paradoxo incontornável falar em livre convencimento do juiz na apreciação da prova e persuasão racional como critério de convicção, porque a ratio nas democracias não é dos leitores da prova, mas das categorias lógicas do discurso legal popular. A fonte da razão já está no povo real e não mais nos iluminados circuitos cerebrais do decididor. Daí imprestáveis os clichês de que "a prova é o farol do juiz" (Ordenações Filipinas) ou que a prova é "instrumento (?) por meio (?) do qual se forma a convicção do juiz". Aliás, o pernicioso discurso jurídico do CPC vigente com suas raízes pandectistas irrigadas pela corrente instrumentalista em marcha pretoriana acelerada é que tem desestimulado novas visitações ao direito probatório, cujas bases didáticas infelizmente ainda estão assentadas em teorias de autores célebres não comprometidos com a leitura da Teoria das Constituições Democráticas. (Leal, 2016, p. 292-293).

Diante da verificação de deficiência nos sistemas apresentados, é necessário um estudo aprofundado a fim de teorizar critérios e base normativas, adequadas ao Estado Democrático de Direito, a partir de uma análise a considerar o conceito de prova, seu objeto, finalidade, possibilidade de utilização no processo, as fases ou etapas lógicas da prova, e a normatização trazida pelo ordenamento jurídico brasileiro.

3.3 O resultado da prova e o seu reconhecimento como instituto jurídico

O termo "prova" não é de uso exclusivo do Direito. Na verdade, tem uso ordinário e jurídico, apresentando diversos significados. Além disso, cabe também advertir que a palavra "prova" pode assumir diferentes conotações, não apenas no direito processual, mas em outras ciências, como as empíricas.

Sobre o referido vocábulo, inicialmente, importa ressaltar que deriva do latim *probatio,* que tem o sentido de "ensaio, verificação, inspeção, exame, argumento, aprovação, confirmação" (Tomé, 2016, p. 87).

Nesse sentido ordinário, já é possível verificar que as várias acepções denotam a ideia de convencimento de outrem. No âmbito jurídico, reconhece-se que tal sentido não é excluído, uma vez que a análise da prova no direito processual também serve para o convencimento, tendo aspecto valorativo, no intuito de provar os fatos alegados.

A título de exemplo, essa definição é utilizada por João de Castro Mendes, para quem "prova é o pressuposto da decisão jurisdicional que consiste na formação, através do processo, no espírito do julgador, da convicção de que certa alegação singular de fato é justificavelmente aceitável como fundamento da mesma decisão" (Mendes, 1961, p. 741).

Sobre este aspecto subjetivo, Tercio Sampaio Ferraz Júnior também discorre:

> [...] No sentido etimológico do termo – probatio advém de probus que deu, em português, prova e probo – provar não significa apenas uma constatação demonstrada de um fato ocorrido – sentido objetivo – mas também aprovar ou fazer aprovar – sentido subjetivo. Fazer aprovar significa a produção de uma espécie de simpatia, capaz de sugeria confiança, bem como a possibilidade de garantir, por critérios de relevância, o entendimento dos fatos num sentido favorável [o que envolve questões de justiça, equidade, bem comum etc. (Ferraz Júnior, 1993, p. 291).

Nessa acepção jurídica, não se descarta que a prova é um elemento interpretativo, que depende da subjetividade do juiz.

Contudo, não se deve limitá-la ao caráter subjetivo do julgador, sendo relevante considerar, também, a participação das partes.

Isso porque toda a análise probatória é uma atividade dialógica, construída em contraditório, a partir das alegações das partes e dos fundamentos jurisdicionais (Soares, 2016).

A prova aparece, nesse contexto, como meio de participação efetiva e de controle de todos os sujeitos processuais, inicialmente, no que toca às proposições apresentadas em juízo e, num segundo momento, em relação aos fundamentos trazidos na decisão jurisdicional. Traduz este conceito Camilla Mattos Paolinelli, em uma abordagem científico-democrática do instituto da prova:

> [...] Fala-se em prova como garantia processual-fundamental das partes, instrumentada de acordo com os meios legalmente permitidos, para a reconstrução dos fatos objeto da narrativa no processo e à qual se encontra vinculado um ônus. A prova é garantia direta e intimamente relacionada com o exercício da ampla argumentação e que viabiliza a construção compartilhada dos pronunciamentos decisórios. (Paolinelli, 2014, p. 38).

A partir do exposto, reputa-se incompleta a definição de prova no processo constitucional que considera apenas o convencimento do julgador, conforme defendem alguns autores.

Entre esses, parecem estar Luiz Guilherme Marinoni e Sérgio Cruz Arenhart, que defendem que "a prova em direito processual, é todo meio retórico, regulado por lei, e dirigido dentro dos parâmetros fixados pelo direito e de critérios racionais, a convencer o Estado-juiz da validade das proposições, objeto de impugnação, feitas no processo" (Marinoni; Arenhart, 2009, p. 57).

Discorda-se do referido conceito por vislumbrar que o sentido subjetivo, na concepção democrática, deve envolver todos os participantes da relação jurídica, sob pena de limitar ao julgador a análise exclusiva dos fatos ou, excepcionalmente, do direito.

Tecendo reflexões sobre a questão, aduz Rosemiro Pereira Leal o seguinte:

> [...] O que se observa é que o conceito de prova assume contornos diferenciados nas autocracias, como está no texto do CPC vigente, editado numa época repressiva pelo discurso da jurisdição redentora, ao contrário de uma teoria da prova numa proposta democrática que suplica equacionamento técnico-jurídico pela garantia do devido processo constitucionalizante. (Leal, 2016, p. 291).

Ademais, como ressalta Rosemiro Pereira Leal, apesar da enorme complexidade teórica que envolve a questão, não se pode vincular a prova à mera sensibilidade do julgador; é indispensável uma configuração teórico-construtiva que reconheça a participação dos legitimados também na valoração e valorização da prova, superando a análise solitária e solipsista do juiz.

Portanto, a ideia de prova como meio de demonstração dos fatos a formar o convencimento de outrem não pode traduzir um modelo que dispensa a partição das partes, relevante na reconstrução fática e, igualmente, na construção do provimento jurisdicional.

Além disso, em um sistema autoritário, não é possível qualquer controle da atividade cognitiva do juiz, uma vez que se adota o sentido de prova vinculado à atividade de "reconhecimento", exclusivo pelo julgador, dos fatos narrados.

Nesse prisma, é fundamental que os destinatários das decisões jurisdicionais se reconheçam como coautores destas, a afastar os paradigmas jurídico-constitucionais do Estado Liberal e do Estado Social, bem como a ideia de que a prova detém o sentido diagnosticado pelo juiz, a partir de suas próprias escolhas ou de indução, formada segundo convicções pessoais, pela sensoriedade, impressões ou simples apontamentos.

O convencimento do julgador deve se formar, no processo jurisdicional, através do debate, pela garantia de influência e pela fundamentação das decisões.

Ademais, a ideia de prova como técnica única e exclusiva para a formação da convicção do julgador, além de não se adequar à constitucionalidade democrática, traz a noção equivocada de que a prova tem a função de trazer ao processo a verdade dos fatos.

Essa concepção prevalecia no século XIX, quando a teoria adotada era no sentido de que a finalidade da prova consistia na verificação da "verdade", não havendo maiores reflexões sobre a questão.

Na obra de Nicola Framarino Del Malatesta, verifica-se essa associação, ao afirmar o autor que a prova é "o meio objetivo pelo qual o espírito humano se apodera da verdade, sua eficácia será tanto maior, quanto mais clara, mais plena e mais seguramente ela induzir no espírito a crença de estarmos de posse da verdade" (Malatesta, 1995, p. 19).

A partir de um exame da legislação e da jurisprudência, nota-se que expressões como "verdade real" e "verdade formal" ainda fazem parte do vocabulário jurídico.

A título de exemplo, a Exposição de Motivos do CPP, datada de 1941, mas ainda vigente, prevê a "verdade material" como fundamento da persecução penal (Brasil, 1941). Essa concepção não esconde o viés inquisitorial da valoração da prova no processo penal, que é fundado na concepção de verdade. Há ainda quem defenda uma "verdade formal", também chamada de verdade processual. Contudo, essa concepção de verdade também é insuficiente para romper com a autocracia do Estado, uma vez que não se supera a impossibilidade de construção de qualquer verdade pelo processo (civil ou penal).

Neste sentido, oportunas, as considerações formuladas por Hermes Zaneti Jr.:

> [...] no processo, a 'verdade', como pretensão de correção da decisão judicial, jamais poderá ser obtida a priori. A lógica apriorística que, por muito tempo, ornou com foros de Justiça a falácia da subsuntividade perfeita mostra-se, no presente, pobre e contrária à complexidade do direito e da vida, portanto, injusta na essência. A decisão judicial segue sendo sempre o resultado do caminho percorrido para sua obtenção, controlada, debatida, jamais fazendo raciocínios puristas que transformam o direito, na simples abstração dos juristas em seus gabinetes, afastando-o da Justiça – seu objetivo teleológico. (Zaneti Jr., 2004, p. 127).

A ideia é a de que não há uma verdade única, absoluta ou universal, em razão da impossibilidade de reconstrução perfeita de fatos pretéritos no processo.

Ademais, a partir de uma concepção foucaultiana, verifica-se que a verdade é construída discursivamente, a partir de certos interesses, de um saber, sendo sempre influenciada por aspectos subjetivos daqueles que a assistiram ou daquele que (como o julgador) há de recebê-la e valorá-la.

> A verdade é deste mundo; ela é produzida nele graças a múltiplas coerções e nele produz efeitos regulamentados de poder. Cada sociedade tem seu regime de verdade, sua "política geral" de verdade: isto é, os tipos de discurso que ela acolhe e faz funcionar como verdadeiro; os mecanismos e as instâncias que permitem distinguir os enunciados verdadeiros dos falsos, a maneira como se sanciona uns e outros; as técnicas e os procedimentos que são valorizados para a obtenção da

verdade; o estatuto daqueles que têm o encargo de dizer o que funciona como verdadeiro. (Foucault, 2013, p. 52).

A partir do exposto, conclui-se que Foucault trabalha a noção de verdade não como correspondência, mas como algo construído discursivamente em cada sociedade.

Por tal razão, segue-se o entendimento, neste particular, de Luiz Guilherme Marinoni, Sérgio Cruz Arenhart e Daniel Mitidiero, que defendem a irrelevância dessa dicotomia, pois "aceitar essa diferenciação seria supor que há processos que pretendem a verdade, enquanto outros trabalhariam com a não verdade e, portanto, alguma espécie de falsidade. Sem dúvida, aqui se tem conceitos imprestáveis para o processo" (Marinoni; Arenhart; Mitidiero, 2015, p. 246).

Nessa linha, mas já considerando a matriz popperiana de pensamento, cabe também registrar que nenhuma teoria, proposição ou fato podem ser tomados como verdadeiros, pois toda teoria é passível de ser falseada por outra, ainda que essa possua evidências confirmatórias.

Assim, Popper rejeita a teoria do "senso comum" e as concepções filosóficas que defendem a existência de um tipo único de conhecimento, possuído pelo sujeito conhecedor, o conhecimento subjetivo. Adota a teoria de um conhecimento objetivo, composto por conteúdos lógicos de teorias, conjecturas e suposições, formuladas linguisticamente para serem falseadas, até que se construa uma nova teoria, mais resistente (Popper, 1999).

Portanto, aquilo que é concebido como verdade irrefutável, segundo determinada teoria, poderá deixar de sê-lo, em momento posterior, diante de outra teoria mais resistente.

Por isso, é necessário negar a "verdade", em qualquer de suas acepções, como função do processo, tanto no processo civil, como no processo penal, uma vez que a prova nunca terá uma representação fiel da realidade fática, ou mesmo uma verdade.

Por outro lado, ainda mais grave é a tentativa de criação de "standards de prova" terminologia de Michele Taruffo, que, segundo o autor, consiste na definição de critérios delimitados a serem considerados pelo juiz. Para ele, o primeiro standard de prova "típico do processo civil, é aquele da *probabilidade preponderante, ou seja, do mais provável do que não* ou da *preponderance of evidence"*. O outro, relativo ao processo penal, "é aquele da *prova além de qualquer dúvida razoável"* (Taruffo, 2014, p. 303).

No Brasil não há standards de provas legalmente previstos. Contudo, já se questiona a possibilidade de criação de critérios, como aqueles trazidos por Taruffo, e a sua adoção na processualidade democrática.

Sem querer aprofundar demasiadamente na questão, cumpre ressaltar que, independente do padrão a ser construído, objetivo ou subjetivo, não se considera democrática a criação de fórmulas direcionadas exclusivamente à racionalidade do julgador.

Consoante bem registrado por Igor Alves Noberto Soares e Jordânia Cláudia de Oliveira Gonçalves:

> [...] A utilização de standard de prova, sem privilegiar os reais interessados na decisão, baseia-se na errônea concepção de que o juiz, com seu conhecimento privilegiado e sensibilidade aguçada, é o sujeito capaz de lidar com os problemas sociais. Essa concepção acerca da figura do juiz acarreta um esvaziamento da própria legitimidade democrática, não podendo ser superada por quaisquer critérios objetivos advindos da técnica probatória. (Soares; Gonçalves, 2016, p. 227).

Diante do exposto, verifica-se que são diversas as feições a serem consideradas no que toca à conceituação da prova em Direito sendo desaconselhável atribuir-lhe um sentido único, pois exigiria um exame acurado dos diversos conceitos até então produzidos.

A complexidade da temática até levou ao autor espanhol Lluis Muñoz Sabaté a afirmar pela necessidade de uma nova ciência aplicada à prova dos fatos apresentados no processo, a probática, considerada como uma epistemologia da prova, concebida para responder à importância metodológica que este instituto merece (Sabaté, 2007).

Ademais, o próprio CPC/15 aborda a prova a partir de três vertentes: a primeira, que se dedica à apresentação de uma significação jurídica como atividade; a segunda, que a vincula o conceito de prova aos meios utilizados na atividade; e a terceira que considera a prova não como um ato, mas como resultado (Thibau, 2011).

A teoria que define prova como atividade é bastante prestigiada por autores estrangeiros, entre eles, Giuseppe Chiovenda. Para o autor, provar "significa formar a convicção do juiz sobre a existência ou não de fatos relevantes no processo" (Chiovenda, 2002, p. 109).

No sentido exposto, a prova se apresenta como ato de provar, como ação. Este conceito jurídico é extraído dos artigos 373, 374, 376 e 379 do CPC/15 (Leal; Thibau, 2017).

Ainda segundo André Cordeiro Leal e Vinícius Lott Thibau, as regras processuais que distribuem o ônus da prova (art. 373); trazem os fatos que não dependem de prova (art. 374); impõem a quem alega o ônus de demonstrar teor e vigência de direito municipal, estadual, estrangeiro ou consuetudinário (art. 376); e que trazem a garantia de não produzir prova contra si mesmo (art. 379), recepcionam o significado de prova como atuação humana, direcionada à convicção do magistrado sobre o seu resultado (Brasil, 2015).

Já a segunda acepção, que vincula o conceito de prova aos meios utilizados na atividade, podem ser extraídas dos artigos 369, 370 e 372 (Leal; Thibau, 2017).

O artigo 369 do CPC/15, prevê que as partes têm o direito de empregar todos os meios legais, bem como os moralmente legítimos, ainda que não especificados; o artigo 370, estabelece que cabe ao juiz, de ofício ou a requerimento da parte, determinar as provas necessárias ao julgamento do mérito; por último, o artigo 372 – que não tem correspondência no CPC/73 – permite ao juiz admitir a utilização de prova emprestada, considerada aquela produzida em outro processo, atribuindo-lhe o valor que considerar adequado, observado o contraditório (Brasil, 2015).

Um dos divulgadores desse sentido é o autor uruguaio Eduardo José Couture, para quem a prova é "um meio de controle das proposições que os litigantes formulam em juízo" (Couture, 1946, p. 136).

Salienta-se o caráter discursivo da prova, dando importância não apenas aos fatos afirmados em juízo, mas também aos meios responsáveis pela condução a um resultado.

Finalmente, há uma terceira vertente, que não considera a prova como um ato, mas como resultado, verificada a partir da leitura do artigo 371, que prevê o seguinte: o "juiz apreciará a prova constante dos autos, independentemente do sujeito que a tiver promovido, e indicará na decisão as razões da formação de seu convencimento" (Brasil, 2015).

A partir de todo o exposto, sobretudo em relação às diversas acepções da prova, conclui-se que a polissemia deste termo, existente também no CPC/15, corrobora para a complexidade da temática probatória, que precisa ser melhor elucidada e definida, a fim de trazer contornos compatíveis com o Estado Democrático de Direito.

Nesse ponto, são relevantes as críticas de Rosemiro Pereira Leal:

A obtenção do instrumento de prova por meios ilegais (assinatura sob coação) ou livre indicação expressa dos meios, como está nos arts. 370 a 372 do NCPC, é exemplo de inobservância dos critérios técnico-jurídicos na produção da prova e que implicam invalidade do ato probatício. Parece-nos equivocado ensinar que o objeto da prova é o "fato narrado na ação ou na defesa", porque o objeto do instituto da prova é a produção da estrutura do procedimento como requisito de causalidade da fundamentação legal (art. 93, incisos IX e X, CF/1988) do provimento (ato decisório), não sendo, portanto, o "fato" que, como vimos, é tão somente elemento de prova. Também, por igual argumento, o destinatário da prova não é o juiz, mas o juízo (órgão jurisdicional estatal) a quem cabe valorizá-la em nome da valoração. (Leal, 2016, p. 292).

Ademais, quando o CPC/15, no art. 369, contempla "meios moralmente legítimos", "comete a impropriedade de afirmar a existência de uma moral válida sem norma jurídica definidora", a permitir a coleta de prova numa realidade externa ao direito, personalíssima e subjetiva. Portanto, no paradigma do Estado de Direito Democrático, ainda não há eixo teórico a permitir uma concepção do instituto da prova "em sua plenitude enunciativa de operacionalização de direitos fundamentais" (Leal, 2016, p. 297).

Também é possível vislumbrar certo autoritarismo na redação do artigo 370 do CPC/15, que permite ao juiz a produção de prova de ofício, sem qualquer intervenção das partes. Essa regra, anteriormente prevista pelo artigo 130 do CPC/73, pode comprometer de forma considerável a sua imparcialidade, tendo caráter inquisitorial (Brasil, 2015).

Isso porque, em linhas gerais, o julgador deve buscar afastar as deficiências causadas por uma teorização equivocada da prova, não se instalar, na condição de "especial interessado", na atividade probatória das partes, substituindo-as completamente.

O sistema constitucional vigente não permite qualquer valorização da prova que se centra na figura de um juiz solipsista, dotado de razão e capacidade de interpretar a norma com base em fatores psicológicos, sensitivos, intuitivos, culturais, ou outros mais.

A Teoria Neoinstitucionalista do Processo compreende a prova como instituto processual, no sentido de que provar "é representar e demonstrar, *instrumentando*, os elementos de prova pelos meios de prova" (Leal, 2016, p. 455).

Como instituto, a prova abandona "critérios personalíssimos e sumaríssimos" para permitir operacionalização de direitos fundamentais, situando a parte como sujeito processual da procedimentação compartilhada, da qual promana uma decisão que afetará seu universo jurídico.

Diante de tais críticas, considera-se, para a presente obra, que a concepção de prova no processo democrático é aquela produzida de forma "processualizada", observando-se o devido processo constitucional, através de atividade dialógica, pelas partes e pelo juiz, a se desenvolver num espaço-tempo procedimental, a permitir a eliminação de erros e hipóteses improváveis, que se articula em fases lógico-jurídicas não passíveis de supressão (postulatória – instrutória – decisória), permitindo a fiscalidade irrestrita da comunidade jurídica constitucionalizada.

O resultado desta atividade são hipóteses que autorizam a eliminação de erros, dentro de um espaço de refutação, a permitir o afastamento das hipóteses mais improváveis, com o reconhecimento da hipótese mais resistente para o caso concreto.

Para o presente estudo, entende-se que o ponto fundamental observado pela teoria é justamente a ideia de se permitir um "procedimento processualizado", numa concepção sistemática que, por lei escrita, são constituídos juízos lógicos compatíveis, dentro dos quais deve se operar o raciocínio do intérprete (Leal, 2016, p. 289-290).

Isso porque o exercício da jurisdição sem procedimentação afasta a prova do devido processo legal, sendo fundamental, portanto, que a prova seja produzida em procedimento, assegurando-se ampla defesa, contraditório e isonomia.

A prova procedimental (existência de procedimento) é direito-garantia inafastável da *cognição*, porque "somente a interpretação volitiva das autocracias ou democracias imperfeitas é que afastam a prova, em sua plenitude teórica, em troca dos devaneios e ideações judicantes" (Leal, 2016, p. 298).

No âmbito da Teoria Neoinstitucionalista, a matriz filosófica que permite compreender o processo como espaço de refutação é o racionalismo crítico de Karl Popper. Conforme explica Rosemiro Pereira Leal:

> Ao considerar a minha teoria neoinstitucionalista do processo um método no sentido popperiano, fica explícito que o direito teoricamente posto por leis formalizadas instala sistema aberto desde a sua base instituinte do ordenamento jurídico ao nível constituído suscetível de à refutabilidade (testabilidade) constante pela via do controle de constitucionalidade difuso (incidental-concreto) e abstrato (concentrado) de modo amplo e irrestrito por ações (procedimentos) constitucionais e paraconstitucionais, máxima de injuncionalidade e de descumprimento

normativos e, por consequência, permitindo o ingresso processual de todos na construção, reconstrução, aplicação, afirmação e negação do direito. (Leal, 2017, p. 208).

Rosemiro Pereira Leal esclarece ainda que "Popper substitui o *método* indutivo da ciência pelo "método de tentativa e de eliminação de erros (crítica)". Separando-se o pensamento dogmático do pensamento crítico (demarcado), a metodologia dedutiva de feições popperiana considera que as "teorias científicas, se não forem refutadas, devem continuar com o caráter de hipótese ou conjectura" (Leal, 2017, p. 202).

Segundo Roberta Maia Gresta:

> A precedência da argumentação sobre o sujeito e a compreensão de que todo conhecimento é provisório são premissas que permitem a virada epistemológica do processo: do verificacionismo ao falibilismo; da junção eclética solipsismo/indutivismo ao método de eliminação de erro. (Gresta, 2016, p. 285-286).

Nessa perspectiva, adota-se a concepção de que o direito probatório somente será democrático se for desenvolvido em espaço processualizado e regido pelo devido processo, que assegura a isonomia como garantia fundamental de igualdade perante a lei, igualdade de interpretar a lei e igualdade de criar, alterar ou substituir a lei. Em outras palavras, o povo (sujeito constitucional) é criador e concretizador da sua própria igualdade jurídica.

A fim de melhor elucidar a sistemática da prova que ora se apresenta, importa trazer à discussão a estrutura procedimental da prova, que será analisada no próximo item da presente obra.

3.4 A estrutura procedimental das provas

Inicialmente, é preciso reconhecer a existência de considerável confusão entre os termos processo e procedimento.

A concepção com base na teoria do processo como relação jurídica, desenvolvida por Oskar Von Bülow em 1868, levou à afirmação de que "o procedimento é a manifestação fenomênica do processo ou 'meio extrínseco pelo qual se instaura, desenvolve e termina o processo'. Aqui, neste conceito, nada se explica sobre a origem desse 'meio'" (Leal, 2016, p. 145-146).

Com o fim de superação da mencionada teoria, surgiu a teoria do processualista italiano Elio Fazzalari, segundo o qual o processo seria procedimento em contraditório. Assim, cuidou Fazzalari de diferenciar procedimento de processo, elevando o contraditório à condição de pressuposto essencial para a existência de processo.

Acerca da teoria de Fazzalari, é o ensinamento de Rosemiro Pereira Leal:

> O ilustre processualista explicitou que o processo não se define pela mera sequência, direção ou finalidade dos atos praticados pelas partes ou pelo juiz, mas pela presença do atendimento do direito ao contraditório entre as partes, em simétrica paridade, no procedimento que, longe de ser uma sequência de atos exteriorizadores do processo, equivalia a uma estrutura técnica construída pelas partes, sob o comando do modelo normativo processual. (Leal, 2016, p. 150).

No Brasil, as idéias de Fazzalari foram trazidas por Aroldo Plínio Gonçalves, que elevou o contraditório ao *status* de princípio constitucional, ao definir "processo como 'espécie' de procedimento realizado através do contraditório entre os interessados", e contraditório como a "igualdade de oportunidade no processo" e "oportunidade de igual tratamento, que se funda na liberdade de todos perante a lei" (Gonçalves, 2012, p. 113, 127).

Assim, em complementação à teoria de Elio Fazzalari, tem-se a teoria constitucionalista do processo, que não rejeita a afirmação no sentido de que o processo é um procedimento em contraditório. Em verdade, apenas acrescenta que seria o processo também uma garantia ao exercício dos direitos fundamentais, assegurando-lhe uma perspectiva constitucional.

Flaviane de Magalhães Barros ressalta que há outras garantias que devem ser observadas. Trata-se, em verdade, de um bloco aglutinante de garantias como uma "base principiológica uníssona", que abrange diversas outras garantias essenciais ao processo democrático, especialmente os princípios do contraditório, da ampla argumentação e da fundamentação das decisões (Barros, 2009).

Cumpre ainda ressaltar que a origem dos estudos acerca do processo constitucional remonta ao mexicano Hector Fix-Zamudio e ao uruguaio Eduardo Couture, sendo sistematizada no direito brasileiro por José Alfredo de Oliveira Baracho. Para ele, "o direito processual tem linhagem constitucional, circunstância que dá maior significação à proteção efetiva dos direitos processuais, em todas as instâncias" (Baracho, 2008, p. 14).

José Alfredo de Oliveira Baracho acrescenta que "o processo constitucional visa tutelar o princípio da supremacia constitucional, protegendo os direitos fundamentais" (Baracho, 1997, p. 119).

A partir do exposto, verifica-se que procedimento sem norma de comando estrutural é um amontoado de atos não jurídicos sem qualquer legitimidade, validade ou eficácia. Ademais, mesmo que o procedimento se realize segundo modelo normativo, instituído, não existindo o contraditório em sua estrutura jurídica espácio-temporal, conforme defendido por Aroldo Plínio Gonçalves, não há processo.

Assim, verifica-se que a teoria fazzalariana do Processo, ao distinguir Processo e procedimento pelo atributo do contraditório, não anunciou a reflexão constitucional de direito-garantia ou de instituição constitucionalizada.

Entretanto, em face do discurso jurídico-constitucional das democracias, o contraditório é instituto do Direito Constitucional e não apenas uma qualidade.

A partir dessas considerações, adota-se a concepção, defendida por Rosemiro Pereira Leal, no sentido de que é "contraditória a conquista teórica juridicamente constitucionalizada em direito-garantia que se impõe como instituto legitimador da atividade jurisdicional no Processo" (Leal, 2016, p. 151).

Rosemiro Pereira Leal afirma ainda que uma Teoria da Constituição democrática, há de passar pela compreensão curricular da teoria do processo como enunciativa (descritiva-argumentativa) dos direitos fundamentais (fundantes) da correlação humana contraditório-vida, ampla defesa-liberdade e isonomia-dignidade (Leal, 2016, p. 127-128).

Portanto, em sua teoria, é no espaço processualizado, regido pelo devido processo, que os cidadãos terão assegurada a isonomia, como garantia fundamental de igualdade perante a lei (isotopia), igualdade de interpretar a lei (isomenia) e igualdade de substituir, criar ou alterar a lei (isocrítica).

O devido processo, portanto, tem o fim de estabilização dos sentidos na discursividade jurídico-democrática, a partir de uma fiscalidade incessante (crítico-discursiva), por ofertar uma linha de problematização, uma tensão entre concepções teóricas, constante e aberta processualmente a toda a comunidade linguística constitucionalizada.

Ante o exposto, o provimento, no Estado Democrático de Direito, não tem causa justificadora na convicção ou talento do julgador, mas fundamento na estrutura formal (cartularizada) do procedimento, desenvolvida compartilhadamente pelos sujeitos do processo.

Assim, a cognição é modo legal de verificação pelo procedimento instrumentalizado e a prova procedimental (existência de procedimento) é direito-garantia inafastável da cognição.

No âmbito do direito probatório democrático, então, as provas devem ser produzidas segundo este sistema lógico, em que as leis são "limitadores" hermenêuticos das decisões e os argumentos fundantes são inferentes (conceitos inferidos) da estrutura escritural do procedimento.

Se jurisdição sem processo é inconstitucional (art. 5º, LIV, CRFB/1988), o tratamento da prova sem uma teoria objetiva, como instituto jurídico, também é inconstitucional, sendo imprescindível, portanto, à compreensão da procedimentalidade democrática.

3.4.1 Contornos teóricos sobre o objeto da prova

A fim de construir uma estrutura procedimental da prova eletrônica, é necessário trazer algumas considerações sobre o objeto da prova. São três as principais teorias que tratam dessa temática.

Segundo José de Castro Mendes, a primeira, majoritariamente adotada pelos processualistas, sustenta que o objeto da prova são os fatos; já a segunda, afirma que são as afirmações; a terceira e última, defende que são os fatos e as afirmações (Mendes, 1961).

A primeira teoria, também denominada teoria clássica, foi adotada pelo CPC/15, consoante se extrai dos artigos 369, 373 e 374, com a ressalva do artigo 376, que acata a possibilidade de prova do *direito*, ao impor o ônus da prova a quem alega, de demonstrar teor e vigência de direito municipal, estadual, estrangeiro ou consuetudinário, sendo, portanto, o único dispositivo relativo à prova do direito, não do fato (Brasil, 2015).

Trata-se de exceção, pois, conforme anotam Luiz Guilherme Marinoni, Sérgio Cruz Arenhart e Daniel Mitidiero, "o direito não depende de prova, já que é dever do magistrado conhecê-lo. Excetua-se dessa regra, ao menos aparentemente, a *possibilidade* de o juiz exigir a prova do direito municipal, estadual, estrangeiro ou consuetudinário" (Marinoni; Arenhart; Mitidiero, 2015, p. 252).

O artigo 369 do CPC/15 prevê que as partes têm o direito de empregar todos os meios legais, bem como os moralmente legítimos, ainda que não especificados, para provar a verdade dos *fatos* em que se funda o pedido ou a defesa e influir, eficazmente, na convicção do juiz (Brasil, 2015).

O artigo 374 do CPC/15 traz os *fatos* que não dependem de prova, e o artigo 373 prevê a distribuição do ônus da prova, determinando a regra no sentido de que a prova cabe "ao autor, quanto ao *fato* constitutivo de seu direito", e ao "ao réu, quanto à existência de *fato* impeditivo, modificativo ou extintivo do direito do autor" (Brasil, 2015).

Assim, segundo o CPC/15, o objeto da prova, então, seria o *fato* aduzido no processo, cuja veracidade se pretende demonstrar.

Como já registrado neste trabalho, não se trata da verdade "formal" ou "processual", mas de uma proposição, podendo o fato que o processo supõe existente não existir e vice-versa.

A autora Fabiana Del Padre Tomé, em aprofundamento da matéria, considera que o fato é dividido em sete elementos, a saber: fonte; objeto; conteúdo; forma; função; finalidade e destinatário. Ao detalhar o que denominou de *morfologia da prova*, anuncia o seguinte:

> O objeto da prova consiste no fato que se pretende provar, representado pela alegação da parte. O conteúdo nada mais é que o fato provado, entendido como enunciado linguístico veiculado, independentemente da apreciação do julgador; é o fato jurídico em sentido amplo. A forma, modo pelo qual se exterioriza a prova, há de apresentar-se sempre escrita ou susceptível de ser vertida em linguagem escrita. Sua função é persuasiva, voltada ao conhecimento do julgador, enquanto finalidade, objetivo último da prova, direciona-se à constituição ou desconstituição de fato jurídico em sentido estrito. Tudo isso, porém, não se opera sem um sujeito que emita enunciados probatórios (fonte) e um destinatário a quem estes se dirijam, com o escopo de convencer. (Tomé, 2016, p. 194).

A partir da decomposição apresentada, extrai-se que a prova das alegações de fato (podendo ser este determinado, relevante, controverso, notório, entre outros) tem importante papel no processo como método de verificação de premissa argumentativa anteriormente apresentada pelas partes (fonte), considerando seu objeto, conteúdo, estruturadora do procedimento e textificação, como requisito de causalidade da fundamentação legal do provimento final (função), tendo como seu destinatário o juízo.

Esse estudo morfológico da prova, dividindo-a em elementos, auxilia na qualificação jurídica desta, em lícita ou ilícita, o que se desenvolverá, em separado, no próximo item.

Antes, todavia, cumpre registrar que não se considera adequado apontar como destinatário o julgador, mas o juízo.

Na verdade, pode-se concluir que, atualmente, está superada a concepção clássica que apontava o julgador como principal destinatário da prova.

Isso porque a prova não serve apenas para o convencimento do magistrado, mas também "convencer as partes, pemitindo-lhes decidir acerca das condutas que vão adotar no processo ou mesmo fora dele" (Didier; Braga; Oliveira, 2024, p. 67).

Portanto, também as partes são destinatárias da prova.

Ademais, se adota, para o presente trabalho, que o fato é objeto da prova. Só que não apenas o fato. Também a pessoa, a coisa, o ato ou a situação (consciência ou presença de ato, fato ou pessoa) (Leal, 2016, p. 456).

Isso porque a limitação da prova ao fato acaba por reduzir o debate e as proposições para a solução da controvérsia, cerceando os argumentos das partes no processo.

Assim, o objeto da prova é a "alegação de fato", pois são as alegações que precisam ser provadas (Didier; Braga; Oliveira, 2024, p. 67).

O objeto da prova, então, está atrelado à proposição e aos argumentos apresentados para refutação no espaço processual democrático, não se limitando a fato.

3.4.2 Prova lícita e ilícita

Para a análise da estrutura procedimental da prova no modelo constitucional vigente exige-se considerar a qualificação jurídica dada pela norma como lícito (permitido, devido), na sua constituição, coleta (meio intelectivo legal) e formalização (instrumento) da prova para fixação dos fatos no processo.

Ordinariamente, a ilicitude da prova é aferida no plano material e processual. Uma prova pode ser conduzida de modo ilícito no processo – a título de exemplo, quando não se permite contraditório em relação à sua produção (plano processual) –, ou pode ser ilicitamente produzida – no caso de coação contemporânea à produção da prova (plano material).

Em relação à ilicitude da prova, alguns autores diferenciam as provas ilegais em provas ilícitas e provas ilegítimas, a partir da verificação da desobediência quanto à forma prevista na lei ou desobediência ou contrariedade à própria lei (conduta contrária à lei). A ilicitude, no plano processual, não é do qualitativo da prova, mas do meio pelo qual esta foi produzida ou do modo de sua utilização. Esse caráter não está relacionado ao conteúdo, mas sobre outro fato, "relatado no antecedente da norma geral e concreta que configura o instrumento introdutor da prova. Trata-se de vício na enunciação e, por conseguinte, nas marcas por esta deixada (enunciação-enunciada)" (Tomé, 2016, p. 184).

Essa separação, apesar de ser importante para os estudos da prova, não permite concluir que, a depender da violação, se processual ou material, o vício verificado é mais grave ou menos grave.

Isso porque a violação, de direito material ou processual, deve considerar o "significado" do ilícito para examinar a sua repercussão, consoante defendem Luiz Guilherme Marinoni e Sérgio Cruz Arenhart:

> Acontece que não apenas a relação da prova com a ilicitude que importa – se direta ou não. Ainda que a prova não constitua o resultado direto da ilicitude, ela varia conforme a qualidade da norma violada. A violação de uma norma processual pode ser graduada, partindo-se de uma simples irregularidade para chegar a uma lesão a um direito fundamental. [...] Assim, quando a prova é o resultado de um procedimento em que foi cometido um ilícito (e não o resultado direto da ilicitude) é preciso atribuir-lhe significado, uma vez que a prova e o ilícito, no caso, podem se separar. A repercussão do ilícito sobre a prova poderá ser maior ou menor, conforme a indispensabilidade da regra violada para a proteção de direitos fundamentais processuais. (Marinoni; Arenhart, 2015, p. 299).

Portanto, o essencial não é verificar se a ilicitude provém de direito material ou processual, mas precisar a sua repercussão no processo. E sendo o devido processo legal uma garantia fundamental, o efeito jurídico da ilicitude aqui tomado é único, qual seja, a ineficácia.

Importa distinguir, ainda, se, na produção da prova, houve violação a direito fundamental. Isso porque não tem eficácia a descoberta que se obteve com referida transgressão – como no caso de violação do direito fundamental, por exemplo.

Nessas situações específicas, a prova não deve ter repercussão no processo, devendo ser desconsiderada para a solução da controvérsia, pois foi ilicitamente constituída.

Ademais, caso a ilicitude não seja a causa da prova, ou a existência da prova não é consequência da ilicitude, a repercussão do ilícito dependerá da constatação da importância da norma infringida, indagando-se sobre a sua essencialidade para a efetividade de direito fundamental processual (Marinoni; Arenhart; Mitidiero, 2015).

Gabriela Oliveira Freitas e Marcionília Coelho Guimarães, ressaltando a relevância do processo como garantia, lembram, ainda, que haverá eficácia no processo se a prova for para efetivar o exercício de um direito fundamental. Segundo as autoras:

> A questão em relação à possibilidade de utilização da prova ilícita deve ser analisada sob a ótica de sua função constitucional: a parte tem a garantia fundamental de que nenhuma prova ilicitamente obtida será utilizada contra ela. Admitir seu uso é, portanto, um atentado ao devido processo legal, devendo ser admitida somente quando seu objetivo processual for efetivar o exercício de um determinado direito fundamental. A prova ilícita, se não tiver mencionado objetivo, apresenta um vício insanável, pois produzida além do limite legal, logo imprestável ao processo, desconfigurando, por completo, a função do processo no Estado Democrático de Direito. A mera possibilidade de sua admissão, sem que reste devidamente esclarecido e fundamentado o objetivo de efetivar direitos fundamentais, macula o procedimento e torna a decisão nela fundamentada nula. (Freitas; Guimarães, 2016, p. 197).

Portanto, a licitude da prova deve ser verificada pela demarcação dos limites da temática da prova, de acordo com o sistema de nulidades previsto em lei, dentro do qual as partes exercerão ampla defesa, em simétrica paridade.

O conceito de prova ilícita é amplo, pois alcança qualquer prova que contraria o ordenamento jurídico. Ademais, também são vários os critérios para a aferição da ilicitude da prova.

Segundo Fredie Didier Junior, Paula Braga e Rafael Oliveira esses critérios podem recair: (i) sobre o objeto da prova (por exemplo, se a alegação de fato que se pretende provar não é controvertida), (ii) sobre os meios pelos quais os dados dela decorrentes são inseridos no processo (por exemplo, utilização de testemunhas para a demonstração de alegação de fato que exige conhecimento técnico-especializado), (iii) sobre os procedimentos pertinentes à coleta do material probatório (por exemplo, produção de prova pericial sem participação das partes ou dos seus assistentes técnicos), (iv) bem como, em alguns casos, sobre o valor da prova produzida (por exemplo, testemunha que não presenciou os fatos sobre o qual é chamada a falar, ou que tem interesse na solução do litígio) (Didier; Braga; Oliveira, 2024, p. 120).

Os autores também lembram que tais limitações do direito à prova podem ter razões extraprocessuais (políticas, morais, éticas, religiosas), ou processuais (epistemológicas), quando se vedam provas irrelevantes e impertinentes, que ou representariam um gasto de energia desnecessário para a máquina judiciária e para as partes ou seriam capazes de conduzir o magistrado a uma falsa percepção da realidade.

O tema da ilicitude da prova sofreu alteração com o avanço da tecnologia.

A prova produzida através de smartphones, os dados presentes em redes sociais, os conteúdos de internet, e-mails, geolocalização e proteção de dados pessoais são temas que passaram a ser discutidos nas provas digitais.

Isso porque, com o avanço da tecnologia, essas formas de prova se tornaram cada vez mais relevantes, refletindo o cotidiano digital das pessoas e a abundância de dados gerados por essas interações.

Os smartphones podem fornecer diversos tipos de informações, incluindo mensagens de texto, registros de chamadas, fotos, vídeos, além de dados de aplicativos. A autenticidade e a integridade dessas informações são essenciais, exigindo métodos rigorosos de coleta e preservação para serem aceitas como prova em juízo.

As redes sociais também podem ser muito úteis para provar fatos, uma vez que nelas as pessoas frequentemente compartilham detalhes de suas vidas. No entanto, a coleta de dados dessas plataformas também precisa respeitar a privacidade dos usuários e as normas jurídicas aplicáveis, garantindo que as provas sejam obtidas de forma legal e ética.

E-mails e conteúdos publicados na internet igualmente podem ser decisivos em muitos casos. A principal preocupação, contudo, é assegurar que os dados não sejam manipulados e que a origem e a autenticidade destes sejam passíveis de verificação.

Dados de geolocalização obtidos através de dispositivos móveis ou outros sistemas de rastreamento também podem fornecer informações precisas sobre a localização de uma pessoa em determinado momento. Esses dados, todavia, devem ser manejados com cautela, respeitando-se a privacidade dos indivíduos e garantido que sua coleta e utilização sigam estritamente as normas legais.

Em suma, a produção de provas digitais envolve um conjunto complexo de questões técnicas e jurídicas que exigem um tratamento cuidadoso para garantir a integridade do processo judicial.

Em razão disso, a evolução constante da tecnologia demanda uma atualização contínua das práticas e das normas jurídicas para assegurar que as provas digitais não sejam consideradas ilícitas, devendo estas serem tratadas com a mesma seriedade e rigor das provas tradicionais.

CAPÍTULO 4

IMPACTOS NO DIREITO PROCESSUAL DA PROVA EM MEIO AMBIENTE VIRTUAL

Na medida em que se ampliou o alcance da "cultura virtual", verificada desde o advento da rede mundial de computadores, e se alteraram as relações sociais pela tecnologia, o Direito precisou ser cada vez mais (re)pensado e (re)estruturado, a fim de se adequar a essa nova realidade.

Em um primeiro momento, o enfoque era analisar a compatibilidade entre o Direito e as relações jurídicas provenientes do uso da tecnologia.

Entretanto, nos últimos anos, também se passou a considerar os reflexos da tecnologia a serviço do Direito, a partir de um exame detalhado das ferramentas disponíveis para o aprimoramento dos serviços jurídicos.

São exemplos de aplicação da tecnologia no Direito a possibilidade de análise documental a partir da inteligência artificial; a previsão de riscos e resultados de processos; a automação na elaboração de documentos e peças processuais; a análise estatística do comportamento de cortes e juízes (denominado jurimetria); a solução automatizada de questões jurídicas e até mesmo a identificação biométrica, ou de emoções humanas pelo desenvolvimento da "affective computing".

Diante de todas essas inovações apresentadas, é fundamental os operadores do direito avaliarem se o momento tecnológico atualmente vivido apresenta interferências e obstáculos à adequada prestação jurisdicional, bem como em relação à tutela de direitos fundamentais.

Zygmunt Bauman afirma que um dos danos colaterais da "modernidade líquida" é justamente a eliminação da separação entre público e privado no que se refere à vida humana. Segundo o autor, na atual sociedade da hiperinformação, parecem evidentes os "riscos terminais à privacidade e à autonomia individual, emanados da ampla abertura da arena pública aos interesses privados [e também o inverso], e sua gradual mas incessante transformação numa espécie de teatro de variedades dedicado à diversão ligeira" (Bauman, 2013, p. 113).

Essa concepção de Bauman pode ser confirmada no fato de que estamos em uma era de "transição" de poder estatal para as *big techs*, grandes empresas de tecnologia e inovação que apresentam dominância no mercado econômico. É preocupante, por exemplo, para o desenvolvimento tecnológico da justiça, a entrega pelo Judiciário de seus *datasets* (conjuntos de dados) para a iniciativa privada, o que pode comprometer sua independência e trazer problemas muito sérios de governança, principalmente quando se está a tratar de dados sensíveis.

Trata-se de uma preocupação relevante, desenvolvida por estudos na seara do constitucionalismo digital. Literatura jurídica estrangeira e a doutrina brasileira já promoveram preliminares análises, ainda que incipientes, sobre essas interações entre a Constituição e o mundo conformado pela tecnologia (Robl Filho, 2022).

Por tal razão, é preciso esforço científico para delimitar este espaço virtual com a finalidade de assegurar, neste ambiente, os direitos e garantias fundamentais do povo, na tentativa de construção de uma "realidade virtual" democrática.

Este cenário também repercute nas provas a serem produzidas. Em relação ao direito probatório são diversos os questionamentos que nos impulsionam a refletir acerca das alterações verificadas desde a implementação do processo eletrônico, bem como em relação às novas tecnologias que estão sendo produzidas.

O que se conjectura, então, é a necessidade de (re)estruturação do procedimento probatório em ambiente virtual, na perspectiva do Estado Democrático de Direito.

Feitas essas considerações, neste capítulo, passa-se ao exame dos impactos no direito processual democrático da prova em meio ambiente virtual.

4.1 A demonstração dos fatos a partir das mídias eletrônicas: características, tecnologias e a questão da segurança

No gerenciamento dos processos eletrônicos, é fundamental considerar a ocorrência da transformação da linguagem escrita para a virtual, bem como as suas consequências, sendo necessário um aprofundamento e delineamento de regras e estratégias para o fim de adaptá-las à era virtual e ao direito processual democrático.

Os processos digitais têm linguagem própria, com padrões próprios, que devem ter correspondência com as garantias de um processo democrático.

Nesse ponto, é fundamental ressaltar que já há entendimento doutrinário que levou à aproximação do conceito de "espaço virtual" à noção de "meio ambiente virtual".

> [...] A relação jurídica ambiental possui características peculiares que a definem como multilateral, por envolver sujeitos diversos, tanto públicos como privados. Essa multiplicidade de atores sociais, aliada à conhecida complexidade das questões ambientais contemporâneas, exige o reconhecimento de que o campo de estudos do direito ambiental envolve forte interdisciplinariedade, metodologia esta que busca a união de diferentes disciplinas para tratar de um tema comum. [...] Destarte, a aproximação entre o denominado direito eletrônico (ou informático, segundo alguns autores) e o direito ambiental se faz necessária na medida em que evidencia duas grandes características da chamada "contemporaneidade": a intensidade das trocas sociais que ocorrem por meio das redes informacionais e a busca de patamares de desenvolvimento capazes de produzir menor impacto ambiental. (Fiorillo, 2015b, p. 123).

A aproximação ao ramo do direito ambiental significa um avanço importante, na medida em que inclui no conceito de meio ambiente o ambiente virtual, artificial, que integra o artigo 225 da Constituição e, em decorrência disso, se apresenta como um direito difuso (Brasil, 1988).

Como consequência, o Estado deve tutelá-lo, por se tratar de bem jurídico a exigir proteção especial. Segundo Celso Antônio Pacheco Fiorillo, esta concepção já é observada pela doutrina estrangeira, italiana e francesa.

> Exatamente nesse sentido, a lição de Gianini, quando afirma que o meio ambiente não pode ter tratamento fragmentalizado ou isolado em setores estanques, ou mesmo as ideias de Prieur, dentro de uma concepção em que o ambiente seria "a expressão das alterações e das relações dos seres vivos, incluindo o homem, entre eles e o seu meio, sem surpreender que o direito do ambiente seja, assim, um direito de interações que tende a penetrar em todos os setores do direito para aí introduzir a ideia de ambiente. (Fiorillo, 2015b, p. 118).

Pode-se conceber, ainda, a aproximação do processo eletrônico com os direitos fundamentais, quando constatamos a necessidade de inclusão de todos neste sistema, especialmente da população mais carente, que não tem condição de acesso aos mesmos recursos, sendo ordinariamente denominados como excluídos digitais.

Assim, com fundamento nessas considerações, pode-se identificar o meio virtual como de natureza jurídica de bem ambiental, o que não quer dizer, todavia, que é necessário um ramo do direito específico processual para o processo eletrônico.

Na verdade, apenas sugere que são necessários novos contornos teóricos, dentro do direito processual. No mesmo sentido também defende José Carlos de Araújo Almeida Filho:

> Não é necessário a criação de um ramo do direito específico, porque as questões envolvendo a eletrônica e a telemática são variáveis. Contudo, demandam especialização dos juízes e, consequentemente, atribuição de competência própria para a resolução de seus casos. (Almeida Filho, 2015, p. 63).

Nesse cenário, concebemos o processo eletrônico à luz do direito processual, constitucional, dos direitos coletivos (meio ambiente) e da tecnologia (informática), a fim de avançarmos na ideia de participação e acesso à justiça.

Não se pode deslembrar que o acesso à Informática é uma ferramenta importante para a modernização do Judiciário. Ademais, apesar de existir dificuldades em relação à inserção da tecnologia em nosso sistema jurídico, estas não podem representar um entrave intransponível.

Sobre este ponto, segundo a legislação brasileira, não há nenhum óbice jurídico para a utilização da prova eletrônica.

O Código Civil brasileiro, em seu artigo 225 – redação trazida desde a sua publicação-, prevê que as "reproduções fotográficas, cinematográficas, os registros fonográficos e, em geral, quaisquer outras reproduções mecânicas ou eletrônicas de fatos ou de coisas fazem prova plena destes, se a parte, contra quem forem exibidos, não lhes impugnar a exatidão" (Brasil, 2002).

O Código de Processo Penal (CPP), nos artigos 231 e 232, também segue no mesmo sentido, ao prever que, salvo os casos expressos em lei, as partes poderão apresentar documentos em qualquer fase do processo, e "consideram-se documentos quaisquer escritos, instrumentos ou papéis, públicos ou particulares" (Brasil, 1941).

A realização de um estudo referente às provas virtuais ou obtidas por meios eletrônicos passa por um exame das mídias eletrônicas atualmente existentes: texto, imagem, som e multimídia.

A forma de texto é a mais comum, sendo o resultado de um conjunto de caracteres alfabéticos dispostos de forma inteligível para compor determinada mensagem.

Em relação ao tipo imagem, considera-se que é o registro visual de um fato. Todavia, deve-se fazer uma distinção entre imagens estáticas e imagens dinâmicas.

No primeiro caso, trata-se do registro instantâneo e único de um fato em determinado espaço de tempo. No segundo, trata-se do registro continuado de um fato por determinado intervalo de tempo. De forma exemplificativa, indicamos para a primeira situação uma imagem obtida através de uma câmera digital, com o registro único e instantâneo do fato; na segunda situação, temos a hipótese de um registro efetuado por sistema de câmera filmadora digital, onde há uma continuidade do registro em determinado lapso temporal. (Carvalho, 2009, p. 88).

A mídia eletrônica de tipo som, por sua vez, é o registro auditivo do fato. Vale ressaltar que não se trata apenas do registro sonoro de vozes, mas de sons do ambiente, como o ranger de uma porta que se abre; um grito por socorro de terceiro; um estampido de disparo de arma de fogo, entre outros (Carvalho, 2009, p. 88-89).

A última forma é a multimídia, que mistura os tipos acima mencionados:

[...] Caracterizando-se pela utilização simultânea de duas ou as três formas de mídia originária. Nesse contexto, destacamos a realização de uma videoconferência onde os participantes podem dialogar em tempo real emitindo sons da fala, visualizar no computador ou na tela de projeção a imagem dinâmica dos demais participantes, enviar mensagens instantâneas de forma textual com perguntas ou respostas a quesitos, e, ainda, transmitir arquivos digi- tais sob a forma de gráficos, planilhas, textos, entre outros na mesma sessão. (Carvalho, 2009, p. 89).

Pelo exposto, verifica-se que a prova cibernética tem a característica de abstração, na medida em que é transportado para o registro eletrônico um fato, devendo ser assegurada a sua integridade e fidelidade ao registro primitivo.

Essa abstração é do meio em que ocorreu o fato, para que este seja devidamente documentado, gerando uma mídia capaz de eventualmente instruir um processo.

Como forma de obter uma melhor compreensão da temática, colhe-se detalhada explicação do autor Paulo Roberto de Lima Carvalho sobre as mídias acima mencionadas:

> Como forma exemplificativa, imaginemos um radar móvel digital para controle do tráfego em rodovias que deve possuir mecanismos de identificação única, que permita assegurar a origem do registro efetuado para cada infração por excesso de velocidade. Tomando por base o exemplo anterior, destacamos que o registro das infrações é documentado sob a forma digital, através de um código binário formado por um encadeamento sequencial e lógico de bits compreensível somente à máquina, mas que é capaz de ser traduzido para uma linguagem inteligível ao homem. Esse conjunto de bits, por sua vez, deve ser armazenado em um suporte material, mantendo sua integridade original, que representa o grau de fidelidade do fato registrado. A característica da abstração liga-se ao conceito de que há uma total desvinculação quanto ao meio em que originariamente ocorreu o fato objeto do registro e a forma em que foi originalmente armazenado. Aproveitando o exemplo já mencionado, imagine a hipótese de o guarda de trânsito constatar, por um radar portátil, o excesso de velocidade do condutor e lavrar o auto de infração de forma manual. A portabilidade refere-se à possibilidade de se transportar o registro eletrônico do fato para um suporte material diferente do original, assegurando sua integridade e fidelidade ao registro primitivo. No exemplo dado, o registro eletrônico da infração é transportado para o papel que servirá como novo suporte material para o fato. Quanto ao último aspecto, relacionado à possibilidade de o código binário gerar uma forma diferenciada de mídia para apresentação do conteúdo registrado, mantendo sua integridade, associa-se à situação em que um mesmo código eletrônico é capaz de apresentar o mesmo fato sob formas distintas. De forma hipotética, imaginemos uma câmera filmadora digital que registra de forma dinâmica uma colisão de veículos; o arquivo digital pode ser congelado em quadros estáticos, sob a forma de fotografias digitais, que podem ser eventualmente transportadas para outro suporte material, no caso o papel, para instruir um processo civil na demonstração da ocorrência dos danos. (Carvalho, 2009, p. 89-91).

Ante todo o exposto, não há dúvida de que a eficiência jurídica do documento eletrônico dependente da confiança que possa merecer. Quanto mais difícil for alterá-lo e mais fácil for descobrir as alterações que tenha sofrido, e quem as fez, reconstituindo o documento original, maior a sua credibilidade.

Nesse contexto, é inevitável buscar alternativas para conferir maior segurança e certeza aos documentos eletrônicos, principalmente em relação à sua autenticidade (autoria) e integridade (inalterabilidade de conteúdo).

Nesse cenário, diversas alternativas estão sendo desenvolvidas. Um desses novos instrumentos para conferir maior transparência, integridade e segurança da informação é a tecnologia denominada *blockchain*.

A experiência recente do uso deste recurso em relação às moedas virtuais demonstrou que é possível registrar, de forma instantânea e segura, transformações realizadas no meio virtual. Segundo Alexandre Couto Silva e Ricardo Villela Mafra Alves da Silva:

> [...] Uma das grandes vantagens do *blockchain* é a transparência que a tecnologia proporciona, além da integridade de seus registros. A integridade é garantida por criptografia e mecanismos de consenso, nas redes públicas (descentralizadas), e por criptografia e confiança, nas redes privadas (controladas por um agente central, isto é, o dono do *blockchain* em questão). (Silva; Silva, 2018, p. 713).

De um modo geral, a principal vantagem do *blockchain* é a de que essa nova tecnologia impede que sejam alteradas as informações sobre todas as transações realizadas e seus registros, eliminando-se a existência de um terceiro intermediário, a partir da criptografia.

Outra forma de apresentação de situações a serem demonstradas em ambiente virtual é a utilização da Ata Notarial, que consiste em um instrumento público, feito por tabelião, a pedido de pessoa capaz ou de seu representante legal.

A Ata Notarial "materializa fielmente em forma narrativa o estado dos fatos e das coisas, de tudo aquilo que verifica com seus próprios sentidos sem emissão de opinião, juízo de valor ou conclusão, portanto por fé que tudo aquilo presenciado e relatado representa verdade, consignando em seu livro de notas, como previsto pela Lei federal n. 8.935/94" (Pinheiro, 2007, p. 185).

O CPC/15 traz a Ata Notarial em seu art. 384, prevendo as situações em que pode ser utilizada, relativas à "existência e o modo de existir de algum fato", bem como "dados representados por imagem ou som gravados em arquivos eletrônicos", podendo ser atestados ou documentados, a requerimento do interessado (Brasil, 2015).

Referida prova é atualmente apresentada como forma eficaz de representação de fatos e situações em sistema virtual, detendo considerável caráter de confiabilidade, uma vez que é produzida por sujeito estranho ao processo (tabelião), que detém fé pública.

Há outras maneiras utilizadas para conferir maior segurança e confiabilidade aos documentos eletrônicos.

A título de exemplo, podem ser apontadas: *(i)* a assinatura digitalizada, que não se confunde com a assinatura digital, pois se trata de uma imagem da assinatura autógrafa, a qual pode ser lançada no documento para identificar a sua autoria; *(ii)* as firmas biométricas, que permitem reconhecer a autoria de uma declaração a partir das características físicas do seu emitente (como a íris dos olhos, a impressão digital, o timbre de voz, etc.); *(iii)* as senhas pessoais, como o PIÑ (*Personal Identification Number* ou *Número de Identificação Pessoal*), a Password (palavra de aprovação) e a *Passphrase* (frase de passagem ou aprovação), muito utilizadas nos terminais bancários, nas transações eletrônicas, etc.; *(iv)* a esteganografia, que transforma o documento em um código (espécie de criptografia) e lhe agrega um elemento marcante, semelhante a uma marca d'água; a criptografia; entre outras (Didier; Braga; Oliveira, 2024).

Uma das técnicas mais seguras é a criptografia. Por essa técnica, a declaração (mensagem) é cifrada e transformada num código ininteligível àquele que não conhece o padrão para a decifração. O padrão utilizado para cifrar ou decifrar as mensagens é denominado de chave (Didier; Braga; Oliveira, 2024).

Apenas quem a conhece é que pode ter acesso ao conteúdo da mensagem.

Todas essas técnicas são alternativas para que o documento eletrônico não perca a sua eficácia probatória.

Além disso, as provas eletrônicas deixam vestígios, a tornarem possível a verificação de sua validade ou falsidade. Sobre referida característica registra Fernanda Teixeira Souza Domingos:

> As provas digitais apresentam características intrínsecas que as tornam aptas a verificação. Elas deixam marcas, ou seja, são o próprio rastro dos crimes cibernéticos, pois no mundo virtual, toda atividade deixa rastro. Pode ser verificada. Uma vez que uma informação é registrada na Internet ou em algum dispositivo informático, essa informação pode ser recuperada dentro de um certo período, mesmo que seja apagada. Assim, a perícia forense tem condição de analisar as provas digitais para

verificar sua autenticidade e integridade, podendo assim determinar seu grau de confiabilidade. Como esclarecido em estudo específico sobre o assunto, as provas digitais possuem requisitos específicos de validade que precisam ser observados em qualquer transferência de informações seja ela interna ou transnacional. Deve ser primeiramente admissível, isto é, como qualquer outra prova sua aquisição deve ser correta para que possa ser admissível. (Domingos, 2018).

A existência desses vestígios é que permite a realização de perícias, que podem ser efetuadas tanto nos documentos eletrônicos apresentados, como em dados eletrônicos presentes na rede mundial de computadores.

Todavia, estes dados são extremamente voláteis, na medida em que, a depender da forma como é armazenada ou de eventuais alterações nela realizadas, uma informação eletrônica pode ser perdida ou corrompida.

No que toca à conservação dos documentos eletrônicos nos processos, existe a Lei n. 11.419/2006, que exige que sejam asseguradas a preservação e a integridade dos dados, que se processam mediante o uso de sistemas de segurança de acesso e armazenagem, sendo dispensada a formação de autos suplementares (Brasil, 2006a).

Já no que se refere à forma de "encaminhamento" das provas para o ambiente virtual, a Lei n. 11.419/2006 prevê o uso de assinaturas eletrônicas.

A segurança da informação também é alvo de crítica, tendo em vista a dificuldade de se assegurar a identificação inequívoca do signatário das peças eletrônicas encaminhadas e anexadas ao processo judicial eletrônico. Não obstante, a Lei n. 11.419/2006 adotou duas modalidades de assinatura eletrônica que garantem segurança na identificação do signatário, mediante o uso de senha. A primeira modalidade usa assinaturas baseadas em certificado digital emitido por Autoridade Certificadora integrante da ICP-Brasil com uso da criptografia (art. 1º, §2º, Ili, a), enquanto o segundo usa assinaturas eletrônicas fornecidas mediante cadastro de usuário (login e senha) pelos Tribunais (art. 1º, §2º, Ili, b). (Dantas, 1998, p. 190).

Entretanto, diante da possibilidade de uso indevido do sistema, ainda que a partir de perda ou extravio dos instrumentos tecnológicos pelo advogado (chave eletrônica e senha), não se está imune a falsificações ou mesmo nulidades.

Apesar disso, a fim de conferir maior segurança aos arquivos digitais, o artigo 11, § 1º da Lei n. 11.419/2006 considera como originais, para todos os efeitos legais, os documentos eletronicamente produzidos como prova, sendo a responsabilidade por eventual "falsificação digitalizada" daqueles que os apresentaram em juízo (Brasil, 2006a).

No mesmo sentido é a previsão dos artigos 440 e 441, ambos do CPC/15, ao determinar que os documentos eletrônicos são considerados originais para todos os efeitos legais e têm a mesma força probante dos originais (Brasil, 2015).

Assim, aquele que macular o princípio da boa-fé e apresentar documentos digitalizados dissonantes dos originais, deve ser responsabilizado na esfera cível e penal. Ademais, implica dizer que o ônus da prova quanto à demonstração da inexatidão deste é do impugnante, diante da presunção legal relativa de veracidade da prova informatizada.

Todas essas questões pragmáticas, apesar de não se referirem propriamente às fases do procedimento probatório, interferem na qualidade da prova e precisam ser analisadas caso a caso.

Contudo, enquanto ainda não se adotam no Judiciário regras próprias ou alternativas para proteger o ambiente virtual e seus documentos, convive-se com a insegurança de dados e de seus registros.

4.2 A importância da identificação dos atos nos procedimentos em meio eletrônico

Como já ressaltado, a questão relativa à abstração das provas virtuais traz problemas de confiabilidade. Em verdade, dificilmente se alcançará a certeza de confiabilidade como ocorre no sistema tradicional, em meio físico.

Por tal razão é que os atos dos juízes e de todos os sujeitos do processo, com a adoção do processo eletrônico, são assinados digitalmente. Tal exigência faz com que a informatização obrigue a todos a aquisição de certificados digitais.

A redação do artigo 1º da Lei n. 11.419/2006, ao tratar da assinatura e das formas de identificação inequívoca do signatário, apresenta tanto a assinatura digital, baseada em certificado digital emitido por Autoridade Certificadora credenciada, na forma de lei específica, como o cadastro do usuário no Poder Judiciário, conforme disciplinado pelos órgãos respectivos.

Há interpretação no sentido de que qualquer uma das formas de identificação trazidas pela Lei permite segurança no sistema jurisdicional virtual.

Apesar disso, defende-se que a melhor solução é a que adota simultaneamente os dois recursos de identificação: certificado digital e cadastro junto ao Judiciário. Nessa linha:

> E esta é a melhor solução para a norma em questão, sendo certo que as interpretações que vêm sendo adotadas somente farão com que o procedimento eletrônico se apresente absolutamente falho, como é o caso, no presente momento, do sistema Projudi adotado pelo CNJ e pelo STF, que é totalmente vulnerável e acessível a todos. [...] não se pode admitir que petições, sentenças e outros atos processuais de suma importância sejam, simplesmente, inseridos no procedimento com a adoção de uma simples senha. Assim agindo, estamos transformando o procedimento eletrônico em uma falácia e em total insegurança jurídica. (Almeida Filho, 2015, p. 216-217).

Assim, a adoção de senha, de forma isolada, é recurso absolutamente limitado, sobretudo porque as pessoas tendem a se valer de senhas similares em vários dispositivos. Ademais, além da senha, é importante a inserção do *token* ou *smart card*, para traduzir maior confiabilidade em relação a quem assinou o documento.

Vale registrar que alguns atos do processo já estão automatizados, sendo feitos sem intervenção humana. Um dos exemplos são os atos de simples movimentação ou de mero registro de ato processual, além de atos de decurso de prazo e citação eletrônica, entre outros; contudo, o ideal é a exigência de assinatura digital e utilização de senha também para estes atos, bem como para todos os atos relativos à apresentação das provas.

Na verdade, todos os atos processuais devem ser certificados a partir de assinatura e senha, sob pena de se permitir a prática de atos ao arrepio da lei. A solução aqui encontrada leva em consideração que o sistema processual eletrônico é que deve se adequar ao Direito, não o contrário, sobretudo quando inexiste regulamentação para que estes atos sejam realizados de forma automática.

Sobre a temática, José Carlos de Araújo Almeida Filho defende inclusive a adoção de certificados digitais para garantia de integridade, autenticidade e segurança dos atos processuais, sendo desaconselhável a aplicação do princípio da instrumentalidade das formas na hipótese de não certificação.

> A adoção da ICP-Brasil, através da Medida Provisória n. 2.200-2/2001, garante esta segurança e impede que haja modificação de documentos. Admitimos, ainda, que o ato processual desprovido de certificação digital corre o risco de ser absolutamente nulo e, por esta razão, não se pode aplicar o princípio da instrumentalidade das formas, porque se trata de matéria não prevista em lei e cujos efeitos não se aproveitarão em caso contrário. (Almeida Filho, 2015, p. 200).

Pelo exposto, pode-se concluir que a tecnologia trouxe com a assinatura digital ferramenta importante para a validação jurídica das provas.

A assinatura digital possibilita o reconhecimento da origem do ato, bem como identifica o usuário "aceito" e permitido para a realização de determinado ato. Ademais, o documento eletrônico assinado digitalmente torna factível a visualização de tentativas de modificação, a partir da alteração de sua sequência binária (Pinheiro, 2007, p. 165).

No que se refere à assinatura digital, portanto, a tendência é no sentido de que seja aprimorada para aumentar o nível de segurança na rede. De todo modo, cumpre reconhecer que, por já possuir sistema de duas chaves (pública e privada), se tem maior segurança do que nas assinaturas tradicionais.

> A criptografia é uma ferramenta de codificação usada para envio de mensagens seguras em redes eletrônicas. É muito utilizada no sistema bancário e financeiro. Na internet, a tecnologia de criptografia utiliza o formato assimétrico, ou seja, codifica as informações utilizando dois códigos, chamados de chaves, sendo uma pública e outra privada para decodificação, que representam a assinatura eletrônica do documento. Como os números de chaves têm até 2000 algarismos e são produto de complexas operações matemáticas, que permitem trilhões de combinações, os especialistas afirmam que quebrar o sigilo de tal equação é praticamente impossível. A assinatura eletrônica é, portanto, uma chave privada, ou seja, um código pessoal e irreproduzível que evita os riscos de fraude e falsificação. Para o Direito Digital, uma chave criptográfica significa que o conteúdo transmitido só pode ser lido pelo receptor que possua a mesma chave. (Pinheiro, 2007, p. 172).

Pela utilização de criptografia, a assinatura digital fica, então, vinculada ao documento eletrônico, de modo que qualquer alteração deste a torna inválida.

Na verdade, como cada certificado é composto por um par de chaves criptográficas, sendo uma privada e uma pública, esse mecanismo garante que o conteúdo não seja acessado por pessoas não autorizadas. Após a "encriptação", o documento é comparado à versão original, atestando a sua integridade e origem.

Portanto, o certificado digital é combinado à assinatura digital como forma de garantir não só a identidade do signatário, mas também a não adulteração do conteúdo da informação após a sua assinatura.

Além disso, ainda que o documento não tenha sido assinado eletronicamente, ou não tenha sido certificado pelo sistema de Infraestrutura de Chaves Públicas Brasileira (ICP-Brasil) – que tem valor probante *erga omnes*, segundo prevê o parágrafo primeiro do artigo 10 da Medida Provisória (MP) n. 2.200-2, de 24 de agosto de 2001 –, é possível verificar a sua autenticidade ou integridade por meio de perícia em computadores (Brasil, 2001b).

Vale registrar que a MP n. 2.200-2/01 permanece em vigor até hoje, independentemente da EC 32, de 11 de setembro de 2001, que determina um prazo para a conversão de Medidas Provisórias em Lei. Como a sua promulgação é anterior à EC 32/01, considera-se que não sofre os seus efeitos.

Nesse ponto, "as informações constantes no disco rígido, caso não sejam provas em si, são ao menos um norte" (Pinheiro, 2007, p. 167).

Outro meio possível de identificação do usuário é a biometria. Trata-se do uso de característica mensurável fisiológica para autenticar um usuário, como impressão digital ou reconhecimento facial (Pinheiro, 2007, p. 177).

Todavia, a utilização da biometria passa por uma análise mais criteriosa da temática relativa à privacidade, pelo que sua utilização, a princípio, tem maior obstáculo do que a da assinatura eletrônica.

Ademais, deve-se ainda considerar a questão relativa à segurança em relação ao registro de conexão e de acesso em geral do usuário de Internet. Neste espaço, cabe aos Provedores gerarem os respectivos registros, os quais têm sido entendidos como compostos de Protocolo de Internet (IP), data (dia, mês e ano) e momento (hora, minuto e segundo), juntamente com o respectivo Greenwich Meridian Time

(GMT) utilizado com a finalidade de converter o horário do servidor de geração do *log* para o horário local em qualquer país. Detalham este procedimento Alexandre Rodrigues Atheniense e Julia D'Agostini Alvares Maciel:

> No momento em que um usuário efetua uma sessão de acesso à Internet, o roteador ou modem do seu local de origem se comunica por meio de cabos ou ondas de rádio até o provedor de conexão à Internet, mesmo que esteja usando conexão wi-fi. No acesso via dispositivo móvel, por sua vez, os dados relativos ao acesso à rede são transmitidos pela comunicação com a torre de telefonia mais próxima, que são ligadas à central da operadora telefônica. Assim, em ambos os casos, os provedores de conexão registram as suas atividades por meio de registros eletrônicos que tecnicamente são denominados metadados – habitualmente descritos como dados sobre dados – entre eles, o endereço IP do dispositivo informático que deu início à sessão de acesso. Além deste dado, são relevantes também a data, hora do acesso e outros dados que revelam o tráfego percorrido. (Atheniense; Maciel, 2018, p. 280-281).

Essa forma de identificação, inobstante ser útil ao Judiciário, também apresenta falhas.

Isso porque, apesar de os provedores poderem revelar o usuário, tal revelação nem sempre será suficiente para identificá-lo. Com o aumento de usuários acessando a Internet, em junho de 2014, houve o esgotamento dos números de protocolo de IP cedidos pelos provedores de conexão, o que levou à implementação de uma nova versão dos endereços IP (Idie; Bueno, 2015).

Iniciou-se, então, uma transição de sistemas, tecnicamente denominada transição do sistema "IPV4" para o "IPv6", a fim de ampliar a capacidade dos sistemas para gerar e ceder aos usuários maior quantidade de endereços de IP.

Nesse momento, fez-se necessária a utilização temporária de um método de compartilhamento de endereços IP únicos, que viabiliza a utilização do mesmo endereço IP por diversos usuários, de forma simultânea, diferenciando-os apenas por uma porta de acesso, chamada de porta lógica de origem, utilizada para diferenciar cada um dos milhares de usuários conectados a um mesmo endereço de IP.

Por tal razão, os provedores de conexão que ainda se encontram em fase de transição atribuem aos seus clientes e guardam em seus registros não somente o endereço IP, a data e a hora, mas também a porta lógica de origem.

Diante disso, atualmente, um mesmo endereço de IP pode ser utilizado por vários usuários ao mesmo tempo, individualizados apenas por meio das portas lógicas de origem, que não tem sido armazenado pela maioria dos provedores de aplicação, sob alegação de inexistência de previsão legal para tanto.

Nessas hipóteses, a indicação e o armazenamento de endereço de IP, data e hora, pelos provedores de aplicação não é suficiente para que os provedores de conexão consigam individualizar o titular da conexão.

Trata-se de um exemplo claro de que determinações legais não "atualizadas" podem se tornar inúteis num curto intervalo de tempo.

Ademais, consoante prevê o artigo 13 da Lei de n. 12.965, há um prazo de um ano para armazenamento destes dados, não sendo viável exigir o fornecimento após este (Brasil, 2014).

Nessa perspectiva, pode-se concluir que a rápida evolução tecnológica tem impacto significativo no tema das provas cibernéticas.

Em suma, as provas cibernéticas são fundamentais na era digital, oferecendo uma rica fonte de evidências para os processos judiciais; mas exigem cuidados específicos quanto à sua apresentação e análise para garantir sua validade e admissibilidade em juízo.

4.3 Prova eletrônica, prova digital e prova digitalizada

São diversas as terminologias apontadas para os arquivos digitais apresentados no processo eletrônico.

Na verdade, ainda é corrente o uso do termo "documento eletrônico" como sinônimo de "documento digital". Entretanto, existe uma diferença entre termos.

A evolução tecnológica tende a criar novos suportes para um documento. Contudo, os documentos compõem-se de dois elementos, quais sejam, o *conteúdo* e o *suporte*.

Segundo Luiz Guilherme Marinoni, Sérgio Cruz Arenhart e Daniel Mitidiero, "o suporte constitui o elemento físico do documento, a sua expressão exterior, manifestação concreta e sensível; é, enfim, o elemento material, no qual se exprime a ideia transmitida" (Marinoni; Arenhart; Mitidiero, 2015, p. 360).

Dessa forma, o suporte pode ser uma folha de papel, uma fita cassete, um disquete, um papel fotográfico, entre outros. A partir do suporte utilizado verifica-se, então, que a prova pode ser eletrônica, telemática, ou digital, informática.

Segundo Alissa Cristina Campos, "documentos eletrônicos seriam um instrumento representativo, com caráter permanente, fruto da criação humana, em que se exprime um fato, através do conteúdo por ele trazido, fazendo-se uso de uma mídia eletrônica como suporte, através de um conjunto de bits" (Campos, 2018, p. 426).

Cumpre ainda ressaltar que, da mesma forma que documentos físicos, os documentos eletrônicos não se resumem a escritos; podem ser um texto escrito, como também um desenho, uma fotografia digitalizada, sons, vídeos, etc.

A partir do referido conceito, verifica-se que um documento eletrônico é criado a partir de um equipamento eletrônico, podendo ser registrado e codificado em forma analógica ou em dígitos binários.

Assim, o termo "eletrônico" está relacionado à eletrônica, "que é aquela parte da física que trata de circuitos elétricos; sendo que a comunicação de dados via computador se faz por meio de impulsos elétricos, o que a caracteriza como comunicação eletrônica. Desse modo, justifica-se o adjetivo eletrônico para a comunicação gerada por impulsos elétricos, seja um contrato ou não, bem como para um documento, cabendo, portanto, o emprego da expressão "documento eletrônico" (Teixeira, 2024, p. 237).

Já o documento digital, informático ou cibernético é um documento eletrônico já caracterizado pela codificação em dígitos binários e acessado por meio de sistema computacional.

Esses documentos nunca existiram em formato físico, sendo criados diretamente em dispositivos eletrônicos. São exemplos: um documento escrito e salvo diretamente como um arquivo de texto (.doc, .pdf) no computador; fotografias de uma câmera digital; e-mails enviados e recebidos através de plataformas de comunicação.

Em se considerando as terminologias apresentadas, observa-se que todo documento digital é eletrônico, mas nem todo documento eletrônico é digital.

Há ainda os documentos digitalizados.

Um documento digitalizado é um documento que originalmente existia em formato físico (papel, por exemplo) e foi convertido para formato digital por meio de um processo de digitalização, como a digitalização por *scanner*. São exemplos: um contrato assinado em papel que foi escaneado e salvo como um arquivo PDF; fotografias impressas que foram digitalizadas e armazenadas em formato digital; páginas de um livro físico que foram escaneadas para criar uma versão digital.

Ressalte-se, por relevante, que a Lei de Liberdade Econômica (Lei n. 13.874/2019), equiparou o documento eletrônico ao digitalizado, prevendo, ainda, a necessidade de observância do Decreto n. 10.278, de 18 de março de 2020.

Referido Decreto regulamenta o disposto no inciso X do caput do art. 3º da Lei n. 13.874, de 20 de setembro de 2019, e o art. 2º-A da Lei n. 12.682, de 9 de julho de 2012, para estabelecer a técnica e os requisitos para a digitalização de documentos públicos ou privados, a fim de que os documentos digitalizados produzam os mesmos efeitos legais dos documentos originais.

Dois parâmetros importantes estão no art. 18 da Lei n. 13.874/2019: *(i)* se o documento digitalizado for particular, qualquer meio de comprovação da autoria, integridade e, se necessário, confidencialidade de documentos em forma eletrônica e válido, desde que escolhido de comum acordo pelas partes ou aceito pela pessoa a quem for oposto o documento; *(ii)* independentemente de aceitação, o processo de digitalização que empregar o uso da certificação no padrão da Infraestrutura de Chaves Públicas Brasileira (ICP-Brasil) terá garantia de integralidade, autenticidade e confidencialidade para documentos públicos e privados (Didier; Braga; Oliveira, 2024, p. 279).

Pode-se concluir, então, que enquanto todos os documentos digitais e digitalizados são eletrônicos, os termos digital e digitalizado se referem a diferentes origens e processos de criação dos documentos.

A partir disso, considera-se prova cibernética:

> [...] O registro de um fato, originariamente, por meios eletrônicos ou tecnológicos, documentado sob a forma digital, através de codificação binária, capaz de ser traduzido para uma linguagem inteligível ao homem, dotado de abstração quanto ao meio em que ocorreu o fato objeto do registro e a respectiva forma de armazenagem, presente a portabilidade do código binário para suporte material diverso, conservando a integridade original do registro, sua autenticidade e possibilidade de utilização sob a forma de pelo menos outra mídia que não a originalmente obtida. (Carvalho, 2009, p. 87).

Conceitos similares são apresentados por Luiz Guilherme Marinoni, Sérgio Cruz Arenhart e Daniel Mitidiero, que definem por documentos de telemática "aqueles documentos que se prestam à transmissão de informações por meio de redes de comunicações, a exemplo do telex, do fac-símile e do telegrama. Já os documentos informáticos são aqueles insertos em memória de computadores ou resultantes de cálculos efetuados por meio de equipamentos eletrônicos" (Marinoni; Arenhart; Mitidiero, 2015, p. 366).

Por tal razão, em se considerando que o objetivo do presente estudo é analisar as implicações processuais a partir da utilização da tecnologia no direito probatório, bem como os problemas do processo eletrônico, será adotada a denominação "prova eletrônica", por ser mais abrangente, a incluir as provas reproduzidas na forma eletrônica, bem como as provas digitais, cibernéticas ou informáticas.

4.4 Provas eletrônicas e a exigência de um objeto corpóreo

Apesar das facilidades trazidas pelos sistemas eletrônicos, não se pode negar que existem situações que dificultam seu uso pelos operadores do direito, especificadamente, quando se está a tratar de protocolização de documentos eletrônicos.

Há muito o CNJ vem emitindo resoluções e recomendações para padronizar a coleta, armazenamento e a apresentação das provas digitais.

Entretanto, embora o CNJ promova a digitalização, este também reconhece que, em alguns casos, pode ser necessário o uso de mídia física para a submissão de provas digitais volumosas, sobretudo quando os sistemas eletrônicos não suportam o tamanho dos arquivos ou quando a integridade e segurança dos dados precisam ser garantidas por meios físicos.

Neste sentido é a previsão do § 4º do art. 14 da Resolução CNJ n. 185/2013, que tem a seguinte redação: "Os documentos cuja digitalização mostre-se tecnicamente inviável devido ao grande volume, tamanho/formato ou por motivo de ilegibilidade deverão ser apresentados em secretaria no prazo de 10 (dez) dias contados do envio de petição eletrônica comunicando o fato" (CNJ).

Portanto, a resolução admite que, em certos casos, a apresentação de mídias físicas pode ser necessária.

Ademais, quando arquivos digitais são muito grandes para serem submetidos através dos sistemas processuais, também não é rara a indicação para que sejam apresentados em dispositivos de armazenamento físico, como pen drives, DVDs ou discos rígidos externos.

Nestes casos, a mídia física deve ser entregue junto com um documento que explique o conteúdo e garanta a integridade da prova.

Os tribunais também devem garantir que as provas submetidas em mídia física sejam acessíveis às partes envolvidas no processo, permitindo a visualização e análise das evidências de maneira segura e eficiente.

Esta prática é considerada uma medida complementar e necessária para assegurar o devido processo legal, o contraditório e a ampla defesa, principalmente quando os sistemas eletrônicos têm limitações de capacidade.

Portanto, a exigência de evidências em objetos corpóreos, como pen drives ou discos rígidos externos, é compatível com as diretrizes e regulamentações do CNJ, desde que sejam seguidas as práticas adequadas de segurança e respeito ao contraditório.

Além dessa questão, existe outra que exige enfrentamento.

Trata-se da categoria de objetos de prova que apresentam qualidades formais e materiais determinantes, inerentes, sendo certo que sua idoneidade e validade decorrem dessas qualidades.

São casos em que a exigência de um objeto corpóreo é determinada pela lei, como se exige, por exemplo, em relação aos títulos de crédito, que devem obedecer ao princípio da cartularidade.

Nessas hipóteses, a despeito de inexistir uma base corpórea, deve-se buscar soluções a garantir idêntica validade do documento eletrônico que representa esses objetos em ambiente virtual.

Sobre a temática, Alissa Cristina Campos afirma que já se defende, na doutrina e na jurisprudência, os títulos de crédito virtuais, apesar de faltar ainda regulamentação legal (Campos, 2018).

Todavia, diante dos diversos casos em que a base corpórea é essencial, sendo tal questão incontornável, por ainda não exigir lei ou tecnologia suficientes, o recomendável é lançar mão dos sistemas virtuais ou digitais, recorrendo-se ao processo em meio físico.

Isso porque se a natureza da situação ou do direito material exigem, a ideia não é impor ao próprio Direito uma "alternativa" eletrônica, sob pena de o espaço processual violar o exercício de direitos e garantias, bem como o princípio do devido processo constitucional.

Destarte, inobstante as vantagens já trazidas na presente obra sobre a implementação do processo em meio virtual, verificado que o meio irá corromper o espaço técnico-procedimental-discursivo do processo cognitivo de direitos, e que irá gerar descontrole e falta de legitimidade decisória, deve ser abandonado.

Ademais, há ainda outras situações que podem exigir o objeto corpóreo, como no caso de instrumentos públicos. Inobstante os diversos instrumentos públicos existentes, como o objetivo é apenas apontar as dificuldades pragmáticas da prova eletrônica, será aqui apresentado apenas os problemas em relação aos instrumentos públicos notariais. Pela legislação, referido instrumento público exige, além da formalizacão das declaracões de vontade nos negócios jurídicos, a corporalidade, como ressalta Davi Monteiro Diniz:

> Bem, se limitarmos nossa análise ao instrumento público notarial, que é, por excelência, a espécie utilizada para a formalização das declarações de vontade nos negócios jurídicos, a corporalidade que a lei induz para os instrumentos particulares torna-se, para a escritura pública, uma conditio juris, diante da incontornável exigência de nela ser lançada a assinatura do tabelião, que a faz não no bojo de uma declaração negocial própria, mas a partir do poder a ele concedido pelo Estado para autenticar o instrumento. Nesta condição não lhe cabe qualquer discricionariedade sobre os modos de realizar o ato de autenticação, vinculado que estará aos parâmetros legais previamente traçados para o modo de exercício de sua função estatal. Se deles se distanciar, agirá além da autoridade que lhe foi concedida e falhará quanto ao mais básico de seus deveres, conduzindo-se assim para a ilicitude.
> Deste modo, não existirá escritura pública sem que o instrumento preencha todos os itens estipulados pela lei. Um destes é o lançamento manual da assinatura do tabelião, o que, sem uma base corpórea que seja apta para recebê-la e integrá-la ao documento, torna-se uma tarefa impossível. (Diniz, 1999, p. 38).

Diante deste problema narrado, foi necessário buscar na assinatura eletrônica a alternativa necessária para conferir autenticidade, integridade e não-repúdio a estes documentos. Além disso, em 2019, passou-se a prever na Lei de Registros Públicos, que os "registros poderão ser escriturados, publicitados e conservados em meio eletrônico, obedecidos os padrões tecnológicos estabelecidos em regulamento" (Brasil, 1973).

São redefinições que precisam ser incorporadas ao corpo legislativo e ao sistema registral.

Essas questões também são relevantes quando se analisam outros arquivos digitais que precisam seguir certos requisitos legais, devendo estes arquivos, igualmente, estarem melhor regulados na legislação, a fim de permitir a sua adequação para o ambiente virtual, considerando seus conceitos técnico-jurídicos.

Por tais razões, verifica-se que, além dos elementos de autoria e integridade de conteúdo, a obrigatória corporalidade de algumas provas pode trazer regras limitadoras para a utilização delas em ambiente virtual, tornando a prova eletrônica ainda mais "frágil".

Por fim, cumpre ressaltar que também é possível que o documento eletrônico precise ser "transportado" para os autos de papel.

Trata-se da hipótese trazida no art. 439 do CPC/15, que prevê que a "utilização de documentos eletrônicos no processo convencional dependerá de sua conversão à forma impressa e da verificação de sua autenticidade, na forma da lei" (Brasil, 2015).

Nota-se que referido dispositivo se limita a trazer, genericamente, a hipótese de utilização dos documentos eletrônicos em autos de papel.

Já o art. 440 do CPC prega que "o juiz apreciará o valor probante do documento eletrônico não convertido, assegurado às partes o acesso ao seu teor" (Brasil, 2015).

Referido dispositivo leva a crer que a não conversão do documento eletrônico em físico diminuiria o seu valor probatório.

Contudo, como bem ressalta doutrina sobre o tema, o documento eletrônico não convertido, apenas por isso, não perderia sua eficácia probatória. Isso porque "seria esdrúxulo se assim o fosse: o original do documento valeria menos que a sua cópia" (Didier; Braga; Oliveira, 2024, p. 289).

Na verdade, a importância do art. 440 está na sua parte final: "assegurado às partes o acesso ao seu teor".

Em outras palavras, não bastaria a juntada da mídia física contendo o documento eletrônico para que se considere produzida a prova. É preciso que se garanta às partes e ao juiz efetivo acesso ao seu conteúdo.

Fredie Didier, Paula Braga e Rafael Oliveira lembram ainda que, sendo, por exemplo, uma gravação audiovisual, esse acesso deverá ser feito em audiência, mediante exibição pública do conteúdo e na presença de todos os sujeitos processuais (art. 434, p. único, CPC) (Didier; Braga; Oliveira, 2024, p. 289).

Só assim seria possível exercer qualquer fiscalidade em relação a esta prova.

4.5 A guarda da prova

O exame da prova eletrônica exige considerar algumas questões pragmáticas. Nesse ponto, como já ressaltado neste capítulo, os temas relativos ao controle e à segurança dos arquivos digitais são relevantes. Por tal razão, não se pode desconsiderar que a prova eletrônica apresenta "empecilhos", que podem impedir que se preencham requisitos mínimos para que sejam consideradas como provas válidas ou hábeis a demonstrarem um direito.

Sobre este tema, são as lições de Davi Monteiro Diniz:

> Diante de tamanha plasticidade, é óbvio que os elementos de autoria e de integridade do conteúdo, que, como visto são relevantes nos documentos, ficam, nos arquivos digitais submetidos a uma situação de extrema fragilidade, uma vez que os sinais que os identificam podem ser facilmente alterados sem deixar traços, pois tais mudanças não causam alteração ou destruição de substância corpórea, como normalmente ocorreria em razão de adulteração de um documento tradicional. (Diniz, 1999, p. 26).

A verificação da autenticidade de documentos digitais pode ser mais "facilitada" utilizando métodos como assinaturas digitais. Já para documentos digitalizados, a autenticidade pode depender de métodos adicionais, como certificação da cópia original.

Há outras situações em que as dificuldades podem obrigar à uma base corpórea, consoante já registrado.

Essas questões decorrem do fato de que, um arquivo digital é concebido, em regra, para permitir a manipulação permanente de seu conteúdo, bem como a sua multiplicação. Diante dessa característica, os arquivos digitais podem não ter exata correspondência com as qualidades de um objeto corpóreo.

Apesar disso, os problemas de autoria, integridade e confiabilidade, em regra, não são incontornáveis.

Todavia, a fim de se buscar soluções eficientes para os problemas narrados, deve-se, primeiramente, analisar as situações excepcionais que se verificam quando as provas eletrônicas são inseridas em ambiente virtual, buscando melhor regulamentar o tema, a partir de normas especiais, legais e escritas, a orientar a certeza jurídica exigida caso a caso.

Um dos problemas que se verifica a partir da virtualização do procedimento é que, nos sistemas atualmente implantados pelo

Judiciário, o controle dos atos e documentos do processo está a cargo exclusivo do Estado.

Isso ocorre porque o advogado não tem acesso à estrutura interna dos programas eletrônicos; assim, ao contrário do que acontece nos processos físicos, em que a prova, também física, permite controle amplo de todos os sujeitos da relação jurídica processual, o processo eletrônico se apresenta como uma verdadeira "caixa-preta" do Judiciário.

Também se pode questionar a confiabilidade dos *softwares* (programas de computador) e *hardwares* (máquinas eletrônicas), o que pode implicar em discussões quanto ao reconhecimento prévio da validade da prova ou de sua idoneidade (Diniz, 1999).

Todas essas questões podem levar à exigência de uma prova indireta, ou mesmo de provas periciais em arquivos eletrônicos, o que, além de acarretar lentidão contrária aos interesses das partes e do juízo, cria um ambiente de maior insegurança.

Há ainda a necessidade de se verificar se a prova está acessível a todos os sujeitos processuais, ou mesmo se, de fato, foi devidamente acessada por eles.

Fredie Didier, Paula Braga e Rafael Oliveira indicam solução interessante para os casos em que o documento consistir em reprodução cinematográfica ou fonográfica.

Trata-se da previsão do art. 434, p. único, do CPC. Neste caso, a parte deverá trazer o documento aos autos, mas deve ser garantida a sua exposição em audiência, intimando-se previamente as partes.

> Essa exigência decorre do direito constitucional à prova e do princípio do contraditório, e tem por escopo permitir que as partes tenham a certeza de que o conteúdo do documento foi devidamente apreciado pelo juiz, bem assim permitir que elas, as partes, possam participar ativamente da colheita dessa prova e se manifestar sobre o seu resultado. (Didier; Braga; Oliveira, 2024, p. 299-300).

Referida solução, todavia, se refere apenas aos documentos que consistem em reprodução cinematográfica ou fonográfica. Documentos eletrônicos como fotos, e-mails, arquivos de texto criados em um computador, documentos PDF, entre outros, podem ser modificados ou mesmo se tornarem inacessíveis.

Nesses casos, como garantir a plena acessibilidade dessas provas?

Como cediço, há vários objetos passíveis de representação eletrônica. Alguns são específicos e com relevância jurídica própria, a exigir a definição de especificidades pela legislação. São exemplos: as obras protegidas por direito autoral, as declarações de imposto de renda, os votos eleitorais, entre outros.

Todavia, existem poucos regulamentos próprios relativos à representação digital de objetos.

Cumpre ainda asseverar que não é preciso considerar o arquivo digital como "documento" para que ele tenha aptidão probatória. Isso porque, para que um arquivo digital seja reconhecido no processo como meio ou instrumento de convencimento do juízo, exige-se apenas a possibilidade de inserção dele nas categorias probatórias típicas ou atípicas, conferindo-lhe valoração e valorização, a depender do caso concreto (Marinoni; Arenhart; Mitidiero, 2015, p. 373).

O que se verifica, na verdade, é que, como qualquer prova (documental, testemunhal, pericial, entre outras), a sua eficácia, falsidade ou mesmo utilidade, se desenvolve a partir da argumentação dos sujeitos do processo, no espaço processual de discursividade crítica para a investigação e construção da decisão jurisdicional.

Assim, os arquivos que encerram a representação digital de determinado objeto de prova não devem ser sumariamente desconsiderados, pois podem ser refutados no espaço processual de discursividade, sendo essencial, contudo, que o ambiente virtual seja passível de fiscalidade e aberto a todos.

Uma outra questão fundamental para o exercício de fiscalidade se refere à guarda dos documentos digitais.

Sabe-se que, quando trazida aos autos, a prova sai da esfera de disposição daquele que a providenciou. Por tal razão, o art. 371 do CPC/15 prevê que o juiz apreciará a prova constante dos autos, independentemente do sujeito que a tiver promovido, e indicará na decisão as razões da formação de seu convencimento.

A prova não é das partes ou do juiz; a prova é do processo. Enquanto inserida em sistemas do Judiciário, como o PJE mídias, por exemplo, não há dúvida de que a sua guarda é da responsabilidade do Estado.

Por tal razão é que a Resolução n. 408, de 18/08/2021, determina que, para provas que não puderem ser anexados ao sistema de processo eletrônico do tribunal ou ao repositório arquivístico digital confiável – RDC-Arq, qualquer que seja o motivo, deverão ser relacionados em certidão padronizada pelo tribunal (Brasil, 2021).

A certidão deverá conter: *(i)* descrição pormenorizada, acompanhada da justificativa acerca da impossibilidade de o arquivo ser anexado ou armazenado de outra forma; *(ii)* mídia ou dispositivo empregado para armazenamento; *(iii)* local específico em que se encontra mantida a mídia ou dispositivo; *(iv)* data, nome, matrícula e assinatura do servidor responsável pela guarda e emissor da certidão.

O material deverá ainda permanecer acautelado em local seguro da Secretaria ou do Cartório da respectiva unidade judicial e armazenado em mídia externa fornecida pelo tribunal, facultando-se às partes amplo acesso ao seu conteúdo e realização de cópia em dispositivo eletrônico a ser fornecido pelo interessado.

Sobre este ponto, entretanto, surge impasse quando se está a tratar de provas audiovisuais hospedadas em plataformas de *streaming* ou em nuvem, tendo sido disponibilizadas pelas partes por meio de *links* ou *QR Codes*.

Para estes casos, considerando que a prova adere ao processo, seria viável exigir que o Estado também fosse responsável pela sua guarda, zelando, por exemplo, pela incorruptibilidade de um link e, portanto, pela prova em si?

Em relação a este tema, Júlio Xavier ressalta a necessidade de regulamentação e, enquanto esta não ocorre, recomenda cautela: "converse com a secretaria do juízo para saber o meio por eles indicado para segurança da prova e não seja o responsável pela sua guarda em nenhuma hipótese" (Xavier, 2024).

O autor lembra ainda que muitos juízos estimulam essa prática, orientando os advogados a hospedarem a prova em nuvens digitais, disponibilizando apenas o caminho na petição (Xavier, 2024).

A Resolução 408 do CNJ, de 20/08/2021, cujo objetivo era assegurar a uniformidade, a segurança e a disponibilidade de documentos digitais nos sistemas processuais, não traz a previsão hipotética para quando a prova audiovisual se encontra em plataformas de *streaming* ou em nuvem.

Assim, passa-se a ter um problema que pode corromper a cadeia de custódia, o que torna imprestável a prática cada vez mais comum de hospedar esse tipo de prova em serviços de terceiros.

> O que acontece se, em algum momento do trâmite processual, ao longo dos seus incontáveis anos infelizmente, diga-se, a pasta virtual vier a ser alterada ou mesmo perdida? Pior, e se houver troca de advogados

o que inclusive pode acontecer de maneira não tão amigável, o antigo patrono continuará responsável pela guarda da prova? E os possíveis incidentes de falsidade que podem ser suscitados, atrasando ainda mais o processo e prejudicando a parte?

Estamos diante de um desafio proporcional ao avanço tecnológico em detrimento da legislação vigente e, portanto, deve ser amplamente discutido pela comunidade jurídica para que a implantação de tais diretrizes sejam eficazes. (Xavier, 2024).

Para esses casos, recomenda-se o acautelamento da mídia física, como pen drives, DVDs ou discos rígidos externos.

Caso assim não seja feito, e não havendo segurança técnica a permitir afastar eventual prova que tenha sido corrompida ou tenha se tornado inacessível, caberá ao magistrado reconhecer a sua imprestabilidade.

Diante do exposto, conclui-se que é fundamental que as partes conheçam os regramentos existentes, tenham acesso às estruturas internas dos programas eletrônicos dos Tribunais, bem como estejam atentas para as situações em que o risco da prova não está a cargo do Estado, a fim de se permitir o controle amplo da instrução por todos os sujeitos da relação jurídica processual.

Feitas essas breves considerações, no próximo capítulo serão analisados as principais consequências processuais e os efeitos na decisão jurisdicional a partir da implantação do processo em meio ambiente virtual e da adoção das provas eletrônicas.

CAPÍTULO 5

TÉCNICA PROCESSUAL E CONTROLE DAS PROVAS ELETRÔNICAS NO PROCESSO CIVIL

Há grande variedade de teorias sobre a natureza jurídica das normas sobre prova. Analisando brevemente as mais relevantes, destacam-se a materialista e a processualista.

A visão processualista considera que as normas sobre a prova são processuais, justamente por se destinarem à formação da convicção do julgador. Para esta corrente, só se aplicaria a visão material excepcionalmente, isto é, para os casos em que a prova do ato fosse "fora" do processo, como por exemplo, nas hipóteses em que a lei exige escritura pública.

Já a visão materialista defende que as normas sobre a prova são substanciais, tendo em vista disciplinarem a relação jurídica substancial subjacente.

Adeptos desta corrente a reforçam a tese com o argumento no sentido de que nem sempre a prova é feita para interferir no convencimento de um juiz (Didier; Braga; Oliveira, 2024).

Inobstante a discussão teórica consistente apresentada para justificar cada uma das teorias acima, acredita-se ser relevante que, ainda que a prova não seja sempre direcionada ao convencimento (ou ao processo), esta perde seu caráter de certificar ou de realizar o próprio direito material a ela vinculado quando é imprestável para ser colocada como critério de decisão.

Em outras palavras, as normas sobre as provas (materialistas ou processualistas) precisam contribuir para a validade e eficácia destas, a fim de reforçarem ou confirmarem determinado argumento ou visão defendida em uma relação jurídica.

A regras para a produção e o controle das provas digitais no processo civil precisam, portanto, ser conjecturadas para conferir maior validade e eficácia à própria prova.

Devem envolver uma combinação de técnicas processuais, medidas de segurança e normas legais a assegurarem a integridade, autenticidade e admissibilidade das provas digitais.

Esses mecanismos são essenciais para garantir que as provas digitais possam ser utilizadas de maneira justa e eficaz, respeitando os direitos das partes e os princípios fundamentais do processo civil.

Feitas essas considerações, serão analisados nos próximos itens os critérios para julgamento das provas digitais a partir da convicção do julgador e, em seguida, como fica o procedimento probatório tradicionalmente dividido em fases pela doutrina processualista, avaliando-se a necessidade ou não de sua alteração.

5.1 Motivação e prova: como fica a livre convicção do juiz?

O tema da convicção do julgador em relação às provas apresentadas no processo exige considerar, inicialmente, os sistemas adotados no ordenamento jurídico brasileiro.

O sistema da Persuasão Racional, apesar de ser apontado como um sistema mais evoluído que os anteriores – sistemas da Prova Legal e da Livre Convicção-, não é adotado isoladamente no Brasil. Nesse sentido, explicitam Antônio Carlos de Araújo Cintra, Ada Pellegrini Grinover e Cândido Rangel Dinamarco:

> O Brasil também adota o princípio da persuasão racional: o juiz não é desvinculado da prova e dos elementos existentes nos autos (*quod nos est in actis nos est in mundo*), mas a sua apreciação não depende de critérios legais determinados *a priori*. O juiz só decide com base nos elementos existentes no processo, mas os avalia segundo critérios críticos e racionais (CPC, arts. 131 e 436; CPP, arts. 157 e 182). Essa liberdade de convicção, porém, não equivale à sua formação arbitrária: o convencimento deve ser motivado (Const., art. 93, inc. IX; CPP, art. 381, inc. III, CPC, arts. 131, 165 e 458, inc. II), não podendo o juiz desprezar as regras legais porventura existentes (CPC, art. 334, inc. IV; CPP 158 e 167) e as máximas de experiência (CPC, art. 335) (Cintra; Dinamarco; Grinover, 2004, p. 68).

A coexistência da regra de valoração racional da prova (sistema da Persuasão Racional) e da regra do livre convencimento motivado, é que, segundo Luiz Guilherme Marinoni, Sérgio Cruz Arenhart e Daniel Mitidiero, permite dizer que "o juiz tem de estar racionalmente convencido das alegações de fato à luz do conjunto probatório" (Marinoni; Arenhart; Mitidiero, 2015, p. 424).

Vale ressaltar que, para alguns doutrinadores, o CPC/15 teria extirpado do ordenamento brasileiro o livre convencimento motivado, pois, além da incorporação de normas fundamentais para balizar toda a interpretação dos seus dispositivos, a expressão "livre" foi retirada de seu texto. É o que expõe Lenio Luiz Streck:

> Ciente destes problemas, com o apoio de colegas professores engajados com a necessária relação direito-democracia, tivemos êxito em algumas alterações e avanços significativos para o Novo Código de Processo Civil tais como: a retirada do livre convencimento (artigo 371); a obrigação de a jurisprudência ser integre e coerente (artigo 926); o dever de fundamentação, previsto no artigo 489, e a proibição de decisões surpresa (artigo 10). A preocupação era: a democracia e a equinimidade nas decisões. (Streck, 2018, p. 13).

O termo "livremente" constava no artigo 131 do CPC/73. O CPC/15, todavia, retirou a palavra de sua redação.

Trata-se de alteração simples, mas de considerável significado. Em verdade, a alteração normativa não deixa dúvidas quanto ao necessário afastamento de subjetivismos e influências ocultas das mais diversas origens, a fim de evitar, por exemplo, a fundamentação das decisões em crenças irracionais ou misticismo.

Há quem defenda, contudo, que o CPC/15 não trouxe qualquer novidade prática, na medida em que a modificação textual tem um efeito retórico salutar, mas nenhuma eficácia normativa (Peixoto, 2016).

Nessa linha, argumenta-se que o sistema da persuasão racional sempre propôs um modelo em que o raciocínio normativo deve seguir *standards* com respaldo institucional e critérios racionais e normativos. Assim, qualquer interpretação diversa seria ignorar os limites de sua eficácia e toda a "historicidade do conceito de 'livre convencimento motivado'" (Peixoto, 2016, p. 66-67).

Apesar do referido entendimento, com a retirada da expressão "livremente", acredita-se que houve sim alguma contribuição no sentido de "enfatizar" a necessidade de se valorar racionalmente a prova, com base em critérios normativos, inobstante não seja possível defender que houve o abandono desse sistema.

Por outro lado, a manutenção do sistema da livre convicção no exame da prova, por estar atrelado às teorias do processo que preconizam o protagonismo decisório do julgador, não afasta a concepção autoritária instituída desde o CPC/73, com a qual não se coaduna.

Entende-se, portanto, que tal alteração, apesar de relevante, não significou na prática um abandono ao sistema da livre convicção, nem da violência interpretativa verificada a partir de decisões autoritárias, que ferem o devido processo constitucional.

Isso porque, embora também se concorde com a retirada da referida expressão, conforme defende Luís Gustavo Reis Mundim, persistem elementos no Código que permitem a continuidade do livre convencimento motivado nas decisões, fundamentadas na solitária consciência do julgador:

> [...] A tentativa de extirpar o livre convencimento motivado do Código de Processo Civil ainda se mostra insuficiente, pois não bastou a retirada de tal expressão dos artigos do código e a previsão das normas fundamentais para afastar por completo o monopólio interpretativo e solipsista do julgador acerca dos argumentos fático-jurídicos e das provas trazidas pelas partes. Isso porque, a prova ainda é tratada no CPC como meio, atividade e resultado do convencimento do julgador que, sempre voltado à uma busca pela verdade real, transforma o processo em um *locus* de violência normativa. Ademais, mantém-se a concepção de que o processo é um instrumento para a paz social, sendo possível que o julgador flexibilize os direitos e garantais fundamentais processuais em prol dos escopos metajurídicos, já que o juiz seria considerado, na matriz bülowiana de processo, como suparparte. (Mundim, 2019, p. 153).

Portanto, apesar da atual supressão do adjetivo "livre", as razões apresentadas nas decisões jurisdicionais ainda apresentam fundamentação "abstrata", vinculada a critérios solipsistas.

Neste ponto, é relevante exemplificar a questão através do voto do Ministro Dias Toffoli no julgamento do Habeas Corpus de n. 103.412/SP, quando fundamentou sua decisão em alegação supostamente astrológica (Brasil, 2012).

O Ministro Dias Toffoli assim se manifestou:

> Também cumprimento a eminente Relatora pelo profundo voto trazido, e digo que penalizar a cogitação, ou a imaginação ou o pensamento, só Deus

pode fazer, e não o homem. Nós não estamos nesta esfera de cognição. Mas verifico, já falando em Deus, que os astros hoje estão alinhados pela concessão das ordens. [...] É por isso que eu acredito em Deus, mas eu acredito também na astrologia. Os astros hoje estão alinhados, em uma esfera de conjugação favorável aos pacientes. (Brasil, 2012).

Ademais, sob o pretexto da coerência, integridade, estabilidade e uniformidade dos entendimentos jurisprudenciais também se verifica a perpetuação de decisões fundadas em critérios subjetivos, mesmo após a vigência do CPC/15:

> É o que se percebe das decisões proferidas pelo Superior Tribunal de Justiça no Mandado de Segurança n. 21.315/DF e Recurso Especial n. 1280825/RJ que, baseado no livre convencimento motivado, mantiveram, respectivamente, os truculentos entendimentos de que "o julgador não está obrigado a responder a todas as questões suscitadas pelas partes" e que o princípio do contraditório como garantia de influência e não surpresa não abrange os fundamentos jurídicos trazidos pelas partes, mas apenas a matéria fática. (Mundim, 2019, p. 152).

Portanto, a manutenção do sistema do livre convencimento, na vigência do Estado Democrático de Direito, por significar subjetivismo ou liberdade irrestrita na forma e nos meios de obter o convencimento, viola a necessidade de uma apreciação efetivamente racional e unicamente das provas que tenham sido produzidas nos autos, observando-se o princípio do contraditório.

No Estado Democrático, a aferição da racionalidade deve estar afastada de qualquer subjetivismo ou historicismo, ou mesmo de regras da experiência, sob pena de se permitir o exame da prova a partir de presunções ou do dogmatismo jurídico.

Sobre o CPC/15, uma outra consideração deve ser feita. Em relação à previsão do artigo 369 do CPC/15, referente aos meios "moralmente legítimos", que igualmente é incompatível com o sistema constitucional vigente (Brasil, 2015).

Isso porque a definição dos meios moralmente legítimos, que não são meios previamente conhecidos, fica a cargo exclusivo do juízo, a impedir a garantia do devido processo legal, previsto na Constituição. Nesse sentido, é a valiosa lição do constitucionalista brasileiro André Ramos Tavares:

Como consectário lógico do princípio da supremacia da constituição, tem-se que a interpretação de toda e qualquer norma, especialmente aquela infraconstitucional, haverá de ter como parâmetro a Constituição. [...] Em outras palavras, a Constituição desempenha, nessa linha, um papel de standard interpretativo. Quando se fala, portanto, da constitucionalização do Direito, não se está apenas querendo fazer referência à supremacia formal da Constituição. Evidentemente que ela é um pressuposto necessário. Sem se admitir que as leis e todos atos normativos devem conformação à Constituição (uma das dimensões da supremacia da Constituição), não haveria como falar em constitucionalização do Direito. (Tavares, 2006, p. 134).

Nesse ponto, cumpre trazer outras reflexões sobre o problema da subjetividade por parte do julgador, segundo Eduardo Couture:

[...] Se o direito é "os juízes dizem que é", como podemos prescindir do juiz como elemento necessário na criação e produção do direito? Como poderemos desprender a decisão do juiz de seus impulsos, de suas ambições, de suas paixões, de suas debilidades como homem? O direito pode criar um sistema perfeito quanto à sua justiça; mas se esse sistema tiver de ser aplicado em última instância por homens, o direito valerá o que valem esses homens. (Couture, 2003, p. 57).

Assim sendo, deve-se considerar também inconstitucional a previsão do artigo 369 do CPC/15, referente aos meios "moralmente legítimos".

De outro lado, como já defendido nesse trabalho, igualmente se considera autoritária a redação do artigo 370 do CPC/15, que permite ao juiz a produção de prova de ofício, sem qualquer intervenção das partes.

Isso porque, conforme defende Vinícius Lott Thibau, a atribuição de poderes instrutórios oficiosos ao juiz significa a manutenção da "autocracia judiciária no âmbito procedimental, que, reproduzindo a violência inaugurada pela inquisitoriedade e muito bem sustentada pela socialização processual, não se faz compatível com a liberdade que qualifica um sistema jurídico que se pretenda democrático" (Thibau, 2016, p. 305-306).

Trata-se de um mecanismo que sustenta a inquisitoriedade processual e que persiste mesmo no Estado Democrático de Direito, remetendo-se à ideia de direitos e interesses tutelados pelas normas jurídicas, mas que, em verdade, são impostos de forma autoritária.

Toda a interpretação centrada na figura do julgador e que parte de premissas "naturais" ou pré-constituídas, às vezes transcendentais, não é explicada, sendo algo impositivo, autoritário e violento.

Em outros termos, segundo Flávia Ávila Penido:

> [...] O autor do discurso se vale da pluralidade de significados para, através da interpretação, atribuir aquele que melhor lhe convém. Do mesmo modo, afasta uma significação inconveniente conferindo o *status* de mal-entendido, justificável pela pluralidade de sentidos. Como é ele o autor do discurso e, somente quem conhece o discurso pode dominar o seu manejo, o sentido último e tudo que decorre dessa atribuição de sentido cabe a esta autoridade de modo que o privilégio da significação, mostra-se como a camuflagem do privilégio do mando de uma auctóritas única e indiscutível. (Penido, 2019, p. 124).

Por tal razão é que se deve distinguir texto e discurso. Dessa distinção é que se extrai o código que orientou a interpretação, a construção do discurso.

O texto, de origem pré-compreensiva do discurso, deve desgarrar-se do interpretante (referente-código) intradiscursivo para dar suporte a uma prática de simétrica paridade interpretativa para todos (Leal, 2017, p. 324).

> Assim, em vez de se atribuir a escolha ou o encontro do sentido a uma autoridade permite-se partilhar a construção do sentido a quem quer que seja, a partir da disponibilização do código que orientou a codificação do discurso. Isso como forma de garantir um igual direito de interpretar a lei: a chamada hermenêutica isomênica. Com isso escapa-se à fatalidade, hoje afirmada, da utilização da interpretação como um ato de vontade. (Penido, 2019, p. 129).

As noções até aqui apresentadas são elementares para compreender a atividade de conhecimento (*cognitio*) desenvolvida na estruturação do procedimento probatório democrático, sobre a qual se passa a tratar.

O termo "cognição" é usualmente empregado para designar o próprio processo e não apenas a atividade interpretativa. Nesse sentido é que se usa as expressões "processo de conhecimento" ou "processo de cognição".

Para o presente trabalho, contudo, o termo será utilizado para indicar a atividade de conhecimento a ser desenvolvida na estruturação do procedimento probatório.

Segundo Kazuo Watanabe, o conceito de

> Cognição é prevalentemente um ato de inteligência, consistente em considerar, analisar e valorar as alegações e provas produzidas pelas partes, vale dizer, as questões de fato e as de direito que são deduzidas no processo e cujo resultado é o alicerce, o fundamento do *judicium*, do julgamento do objeto litigioso do processo. (Watanabe, 2000, p. 58-59).

Para Alexandre Freitas Câmara:

> [...] Entende-se por cognição a atividade consistente na análise das alegações e provas. Trata-se de uma técnica destinada a permitir a prolação de decisões. Não é difícil imaginar que o magistrado só pode proferir uma decisão depois de ter analisado as alegações e as provas relevantes para a resolução das questões que tenha que enfrentar. Pois ao longo do processo de conhecimento o juiz exerce atividade cognitiva, analisando alegações e provas para poder proferir a decisão. A cognição tem por objeto as questões que são suscitadas ao longo do processo. Cabe, então, ao juiz examinar as alegações e provas que lhe permitam resolver questões (sendo o termo "em questão" empregado, aqui, no seu sentido técnico de pontos controvertidos de fato e de direito). Estas questões dividem-se em prévias que podem ser preliminares ou prejudiciais) e principais. (Câmara, 2017, p. 189-190).

Já Fredie Didier Júnior aponta que a "análise da cognição judicial é, portanto, o exame da técnica pela qual o magistrado tem acesso e resolve as questões que lhe são postas para apreciação". Frisa ainda o autor que a cognição não se realiza de forma solitária pelo juiz, mas conforme "um procedimento estruturado em contraditório e organizado segundo um modelo cooperativo, o que torna a participação das partes na atividade cognitiva imprescindível, e por isso muito importante" (Didier Júnior, 2015, p. 107-108).

Embora não se possa apontar um significado unívoco ao termo "cognição", Dhenis Cruz Madeira, lembra que a maioria dos processualistas conceitua cognição como sendo uma atividade, técnica, método ou operação lógica do juiz para a valoração dos argumentos e provas suscitados pelas partes, para que ele possa, por ato de inteligência e após a formação de um juízo de valor, decidir sobre as questões processuais e matéria de mérito, a partir de juízos subjetivistas e de "outros fatores psicológicos, volitivos, vivenciais, culturais, humanísticos e sociais para se auxiliar na atividade cognitiva" (Madeira, 2008, p. 105-106 e 116).

Apesar de concordar que a cognição compreende a apreciação de provas e argumentos, referido jurista rechaça a ideia de que a *cognitio* se resume a uma técnica à disposição do juiz, na qual são revelados seus juízos de valor ou atos de inteligência.

> [...] A cognição eleva-se à categoria de instituto jurídico e que, por isso, abriga princípios de instituto jurídico e que, por isso, abriga princípios afins. Obviamente, a cognição liga-se à própria função jurisdicional e ao processo, razão pela qual muitos de seus princípios regentes orientam também a jurisdição e o processo. Em Direito, não existe cognição fora do exercício da jurisdição e da regência principiológica do *devido processo*. Desta forma, no atual paradigma constitucional do Estado Democrático de Direito, a COGNIÇÃO pode ser conceituada como instituto jurídico regido pelos princípios diretivos da função jurisdicional e institutivos do processo, que permite a valoração e valorização compartilhada dos argumentos e provas estruturados no procedimento e retratados fisicamente nos autos (cartulares ou eletrônicos), cujo exercício resulta na elaboração dos provimentos. (Madeira, 2008, p. 119).

Dos conceitos trazidos, considera-se mais acertado o apresentado acima, justamente por afastar a ideia de que a *cognitio* se resume à figura do juiz, bem como a de que são possíveis juízos subjetivistas que auxiliam a atividade cognitiva, segundo os ideais de justiça, intuição, sensibilidade, equidade, bom senso, ou outros de cunho cultural e social.

Já no que pertine ao grau de convencimento judicial, existem teorias a apontar qual seria a cognição necessária para a prolação da decisão jurisdicional.

Nesse ponto, cumpre analisar algumas terminologias trazidas pela doutrina, quais sejam, a verossimilhança, a evidência, a presunção, o indício e as regras da experiência.

Uma teoria que considera a verossimilhança na cognição foi germinada e desenvolvida na Suécia, especialmente em razão da obra de Per Olof Ekelöf. Essa teoria "propõe uma restrição da importância da regra do ônus da prova, sintetizando a ideia de que ao juiz bastaria uma convicção de verossimilhança" (Marinoni; Arenhart; Mitidiero, 2015, p. 419).

Segundo a tese sueca, o julgador poderia decidir quando alcançasse certo grau de verossimilhança, sendo este grau, quando não previsto em lei, determinado pelo próprio julgador, reduzindo-se assim a importância das partes e da regra do ônus da prova.

Nesse contexto, admite-se a utilização de percentagens ou frações, a fim de demonstrarem a suficiência da prova para o convencimento judicial.

Sobre este estudo de probabilidade, Lucas Buril de Macêdo e Ravi Peixoto esclarecem o seguinte:

> Assim, fixado pelo juiz, em situação não prevista expressamente em lei, a probabilidade mínima de 70% (setenta por cento), caso o autor só logre provar 60% deste todo, o julgador não poderia considerar o fato existente para decisão, mas caso a verossimilhança alcance os setenta por cento ou mais, poderia então, com base em convicção de verossimilhança, julgar favoravelmente ao pleiteante. (Macedo; Peixoto, 2016, p. 68).

Referida teoria foi desenvolvida pela doutrina sueca para admitir que, se uma das partes tem maior probabilidade de estar sustentando a "verdade", existe um mínimo de "verossimilhança preponderante" a autorizar como verdadeiro o fato pelo julgador.

A teoria de "verossimilhança preponderante" foi desenvolvida na Suécia, com a denominação de Överviktsprinzip. Contudo, também foi abraçada na Alemanha com a denominação de Überwiegensprinzip.

Sobre essas teorias, Luiz Guilherme Marinoni, Sérgio Cruz Arenhart e Daniel Mitidiero, registram o seguinte:

> Não satisfeita com a ideia de que o julgamento fundado em verossimilhança apenas seria possível nas hipóteses em que a lei, ou o juiz, considerando as especificidades de determinada situação de direito material, determinassem um grau de probabilidade suficiente, a doutrina sueca foi mais adiante, para concluir que o julgamento poderia fugir da regra do ônus da prova quando existisse um mínimo de preponderância da prova, vale dizer, um grau de 51%. Melhor explicando: se a posição de uma das partes é mais verossímil que a da outra, ainda que minimamente, isso seria suficiente para lhe dar razão. Nessa lógica, ainda que a prova do autor demonstrasse com um grau de 51% a verossimilhança da alegação, isso tornaria a sua posição mais próxima da verdade, o que permitiria – segundo a doutrina escandinava – um julgamento mais racional e mais bem motivado que aquele que, estribado na regra do ônus da prova, considerasse a alegação como não provada. (Marinoni; Arenhart; Mitidiero, 2015, p. 421).

A ideia de verossimilhança, portanto, acabaria por afastar a noção de ônus da prova como um encargo, para permitir a sua adoção como uma espécie de "régua", cuja "medição" ou graduação seria determinada em cada caso pelo julgador, que indicaria qual a parte que deveria obter êxito.

Também considera a noção de verossimilhança o processualista alemão Gerhard Walter. A particularidade de sua tese, todavia, é o estudo sobre a impossibilidade de aplicação de um modelo unitário para todos os procedimentos.

Assim, a necessidade de prova de uma situação específica deve ser particularizada consoante o caso concreto, ressalvados os casos em que o legislador teria apresentado norma especial para a convicção da verdade.

O referido autor aponta três métodos para a constatação de fatos: o modelo da convicção da verdade, o modelo de controle por terceiros e o modelo da verossimilhança. Sobre esses modelos e a teoria de Walter, explicam Luiz Guilherme Marinoni, Sérgio Cruz Arenhart e Daniel Mitidiero:

> Ou seja, o seu entendimento é de que nem o modelo da convicção de verdade, nem o modelo da verossimilhança preponderante (ou ainda o modelo de controle por terceiros), poderiam ser aplicados a todos os casos. A encruzilhada, posta no meio do desenvolvimento do seu raciocínio, impôs a análise acerca de quando o método da convicção da verdade pode ser dispensado em favor do método da verossimilhança. É quando demonstra a necessidade de um agrupamento dos casos que exigiriam a redução do módulo da prova. Como exemplos de grupos de casos, ressalta: enfermidades profissionais, acidentes de trabalho; lesões pré-natais; casos de refugiados e de vítimas do nazismo; casos de seguros; trabalho perigoso; proteção do trabalhador contra a despedida; recusa ao serviço militar por razões de consciência; responsabilidade objetiva; infrações a determinados deveres." Adverte que esses casos não são taxativos. O seu objetivo é unicamente deixar claro o sistema subjacente. Os casos devem formar um campo que, diante de sua natureza, tem dificuldade de ser esclarecido Ademais, o direito material deve deixar entrever que essas dificuldades de prova não devem suportadas pela vítima. (Marinoni; Arenhart; Mitidiero, 2015, p. 422).

Considerando o aduzido, verifica-se que a ideia de Gerhard Walter, assim como as teorias de Överviktsprinzip e de Überwiegensprinzip, são construídas em torno da percepção isolada do julgador, voltada a uma busca pela "verdade real", o que transforma o processo em um *locus* de violência normativa.

Ademais, as noções de probabilidade, desenvolvidas somente em torno da figura do juiz, sem considerar o princípio do contraditório, foge à própria imposição da lei processual relativa à participação. Por outro lado, cumpre registrar que a noção de verossimilhança (e mesmo de probabilidade) é adotada pela lei processual brasileira para as hipóteses de cognição superficial, que se contrapõe à cognição exauriente.

Cumpre gizar que, para grande parte dos processualistas brasileiros, a cognição jurisdicional não segue sempre um único padrão, uma vez que depende da tutela jurisdicional levada pelas partes.

Nessa linha, as variações de cognição situam-se em, basicamente, dois planos: um chamado "vertical", concernente ao grau de profundidade das questões postas; e outro denominado "horizontal", que diz respeito à delimitação das questões conhecidas pelo julgador. Sobre esses planos, anota Fredie Didier Júnior o seguinte:

> [...] Em primeiro lugar, o plano horizontal (extensão), que diz respeito à extensão e à amplitude das questões que podem ser objeto da cognição judicial. Aqui se definem quais as questões que podem ser objeto da cognição judicial. Aqui se definem quais as questões que podem ser examinadas pelo magistrado. A cognição, assim, pode ser: a) plena: não há limitação ao que o juiz conhecer; b) parcial ou limitada: limita-se o que o juiz pode conhecer. O procedimento comum é de cognição plena, na medida em que não há qualquer restrição da matéria a ser posta sob apreciação; [...]. A limitação da cognição normalmente favorece a razoável duração do processo, daí a razão de muitos procedimentos especiais terem por característica exatamente a limitação cognitiva. Em segundo lugar, o plano vertical (profundidade), que diz respeito ao modo como as questões serão conhecidas pelo magistrado. [...] A cognição poderá ser, portanto, exauriente ou sumária, conforme seja completo (profundo) ou não o exame. Somente as decisões fundadas em cognição exauriente podem estabilizar-se pela coisa julgada. Daí poder afirmar-se que a cognição exauriente é a cognição das decisões definitivas. Combinam-se estas modalidades de cognição para a formação dos procedimentos. (Didier Júnior, 2017, p. 445).

Em relação a esses processos de cognição, completa Alexandre Freitas Câmara:

> Nas decisões baseadas em cognição sumária, então, não haverá a afirmação judicial da existência (ou inexistência) do direito material. Em tais decisões simplesmente se afirmará que o direito provavelmente

existe. Não é por outra razão, aliás, que o art. 300 estabelece que a tutela de urgência será concedida "quando houver elementos que evidenciem a probabilidade do direito". Casos há, porém, em que se permite a prolação de decisão baseada em cognição superficial. Esta é a menos profunda de todas as modalidades de cognição, e permite a prolação de decisões fundadas em juízo de verossimilhança. (Câmara, 2017, p. 191-192).

A separação de modalidades de cognição serve, então, para indicar limitações impostas à atividade de cognição, que derivam da existência ou não de um procedimento que permite às partes ampla investigação probatória. Ademais, tal separação está a indicar a aptidão para a produção da coisa julgada, temas que fogem à questão central desta obra.

Nesse cenário, não se verifica a necessidade de adentrar no exame das modalidades de cognição, mas apenas de apresentá-las.

Em relação ao tema central deste tópico, relativo ao grau de cognição e ao sistema adotado pelo ordenamento jurídico brasileiro, outros termos, além da noção de verossimilhança, devem ser analisados. Trata-se da ideia de evidência, presunção, indício e regras da experiência.

Esses termos serão conjuntamente analisados, pois, apesar de terem definições diversas, estão geralmente amparados em noções ou regras da experiência e verdade, conforme se nota a partir dos conceitos apresentados a seguir.

Sobre o argumentar com base na evidência, Hans-Georg Gadamer afirma que se tem sempre algo evidente quando o que se pretende é apreciar um contra-argumento. Para o autor:

> Deixa-se em aberto como isso poderia ser compatível com o conjunto do que nós mesmos temos por correto. Afirmamos simplesmente que é evidente "em si mesmo", isto é, que há coisas que falam em seu favor. Nessa formulação, torna-se evidente o nexo com o belo. Também o belo convence por si mesmo, sem precisar subordinar-se imediatamente ao conjunto de nossas orientações e valoramentos. Tal como o belo é uma espécie de experiência que sobressai e se destaca como um encantamento ou aventura no conjunto de nossa experiência, impondo sua própria tarefa de integração hermenêutica, também o evidente tem sempre algo de surpreendente, como o surgimento de uma nova luz mais amplo o campo do que entra em consideração. (Gadamer, 2015, p. 625).

Gadamer define ainda que

> O que é evidente é sempre algo dito: uma proposta, um plano, uma suposicão, um argumento etc. Junto com isso, pensa-se sempre que o evidente não está demonstrado nem é absolutamente certo, mas se impõe a si mesmo como algo preferencial, dentro do âmbito do possível e do provável. (Gadamer, 2015, p. 625).

As presunções, por sua vez, apesar de não estarem vinculadas a um grau maior de certeza como a evidência, consistem em determinar a existência de certo fato com base em outro, extremamente provável (Macedo; Peixoto, 2016, p. 72).

Ao se pronunciar sobre a etimologia do vocábulo "presunção", afirma Tereza Ancona Lopez de Magalhães, com base em Alciato e Antonino Coniglio, que este "vem de *praesumptio* que, por sua vez, deriva do verbo *sumere* e da preposição *prae*, i. e., ter por verdadeiro alguma coisa antes de ser provada" (Magalhães, 1977, p. 370).

As presunções podem ser legais ou judiciais; as legais podem ser ainda ser relativas ou absolutas.

Presunções legais são feitas pelo legislador, de forma apriorística, trazendo determinada consequência jurídica. Já as presunções judiciais, também denominadas de comum ou *hominis*, são o resultado de um raciocínio presuntivo do magistrado, concluindo pela existência ou inexistência de um fato, consoante se extrai das considerações de Lucas Buril de Macêdo e Ravi Peixoto:

> As presunções legais respeitam a mesma *ratio essendi*, mas são feitas pelo legislador de forma apriorística, manifestando-se no processo nomeadamente como consequência jurídica. Já as presunções judiciais são, como dito anteriormente, lógico-dedutivas. Nessa esteira, o legislador raciocina pela existência muito provável de um fato quando se der outro, determinando sua presunção expressamente na lei [...]. (Macedo; Peixoto, 2016, p. 74).

Conforme já registrado, as presunções legais são divididas em relativas ou absolutas, não cabendo tais adjetivos às presunções judiciais.

> As presunções relativas, ou *iuris tantum*, são aquelas que admitem prova em contrário. [...] Quando houver presunção legal relativa, certificado indício, a parte beneficiada não precisará provar o fato probando, las este se presume ocorrido. A presunção de propriedade advinda do rezo

imobiliário, a presunção de veracidade dos fatos pela confissão ficta daro e a presunção de solvência integral da obrigação proveniente da quita, última prestação são exemplos de presunção *iuris tantum*. (Macedo; Peixoto, 2016, p. 74).

Quanto às presunções absolutas, ou *iuris et de iure*, não admitem prova em contrário. Assim, provado o fato indiciário, é desnecessário a produção de qualquer outra prova. Sobre o tema:

> Mais do que isso, a produção de qualquer prova quanto ao fato presumido será inadmitida, porquanto irrelevante: a prova nunca será apta a produzir o efeito almejado pela parte, qual seja, convencer o juiz, porque há adstrição do fato jurídico indiciário ao principal e, por conseguinte, ao efeito jurídico. (Macedo; Peixoto, 2016, p. 74).

O que se nota a partir do exposto é que a presunção relativa sucumbe ante prova em contrário; a presunção absoluta não. Ademais, a presunção relativa pode estar ou não prevista em lei, tratando-se, a rigor, de um indício.

Assim, entende-se que o indício não se confunde com a presunção. Trata-se de um ponto de partida, sendo a presunção a conclusão que se extrai a partir dele. No mesmo sentido, defende Vinícius Lott Thibau, a partir dos ensinamentos de Antonio Dellepiane e Sérgio Carlos Covello:

> [...] Diante de um raciocínio lógico, o indício seria o ponto de partida, enquanto a Presunção seria o ponto de chegada; informa-nos, outrossim, que, em sendo o indício a causa, não poderá ser ao mesmo tempo o efeito desse raciocínio, conclusão a que havia chegado Sérgio Carlos Covello (1983) e que ora se ratifica. (Thibau, 2011, p. 70).

Contudo, sendo o indício e a evidência extraídos de fatos relativos a eventos que sempre ocorrem, ou o que ocorre em situações semelhantes, perduram aspectos arbitrários e dogmáticos com a adoção desses pelo julgador.

Ademais, o que se verifica é que o juízo presuntivo e as concepções de indício e evidência, apesar de terem sido desenvolvidas para uma maior estabilidade jurídica, igualmente foram teorizados com base na figura exclusiva do julgador e sobre "verdades" construídas pela experiência, conceitos instáveis.

Uma abordagem democrática, contudo, exige a compatibilidade desses institutos com critérios legalmente estipulados pelos sistemas legais adotados. Nesse sentido, defende Dheniz Cruz Madeira, numa reflexão sobre a *ratio legis* e o *logos* no Estado Democrático de Direito:

> Seguindo tal raciocínio, o fruto da atividade cognitiva (provimento) não estampa um *logos* do julgador, uma vez que a lógica ou a *cognicão* independe da singular sapiência ou da concepção do decididor. O *logos* decisional, no Estado Democrático de Direito é sempre limitado e extraído interpretativamente do texto legal, ainda que sob a veste de princípio jurídico (que também é norma). Pode-se afirmar que o *logos* judicacional é sempre precedido de uma *ratio legis*, ou seja, de um ordenamento jurídico previamente escriturado (texto legal) que seguiu o devido processo legislativo). (Madeira, 2008, p. 141).

Há ainda as regras ou máximas da experiência que, segundo Lucas Burril de Macêdo e Ravi Peixoto, seriam aquelas que "não pertencem apenas ao conhecimento privado do julgador, mas são elementos do conhecimento comum" (Macedo; Peixoto, 2016, p. 72).

> Sob o título de máximas da experiência se reúnem os mais variados enunciados, podendo classificá-las como comuns, "induzidas a partir da observação do cotidiano", ou técnicas, "são conhecimentos técnicos de acesso generalizado". Possuem diversas funções no processo: a) apuração dos fatos; b) valoração das provas; c) preenchimento do significado de enunciados normativos – como, por exemplo, o conceito de preço vil -; e d) estabelecer limites ao convencimento do magistrado, não podendo decidir, salvo de forma justificada, em sentido contrário às regras de experiência. (Macedo; Peixoto, 2016, p. 72).

Assim, as máximas da experiência podem ter função abrangente, que vai desde a valoração da prova e de ligação entre o indício e o fato, à de determinação da evidência ou impossibilidade de existência de um fato. Pode servir ainda para a outras interpretações, bem como para o preenchimento dos conceitos juridicamente indeterminados.

Considerando o exposto, verifica-se que as regras da experiência, dificilmente, podem ser objeto de controle pelas partes; à exceção de algumas, como a existência da lei da gravidade, por exemplo.

Isso porque decorrem da experiência historicista e pragmática do julgador, que impõe um discurso jurídico com seus próprios significados, em vez de abrir à coconstrução dos seus destinatários.

Diante do conteúdo exposto, relativo à verossimilhança, à evidência, à presunção, ao indício e às regras da experiência, o que se verifica é que o exame dos termos usualmente apresentados para "medir" o grau de convicção do julgador, em verdade, partem de premissas íntimas, de difícil demarcação ou mesmo contribuição pelas partes.

A adoção dessas terminologias com base em convicção íntima do juiz não permite qualquer fiscalização pelas partes, sendo possível concluir que as garantias fundamentais da prova e a necessidade de construção do pronunciamento decisório ficam prejudicadas.

Assim, apesar de diversos estudos até então desenvolvidos sobre o tema, verifica-se que o protagonismo judicial do Estado Social ainda predomina no que toca à temática da cognição.

De modo a afastar esse modelo, defende-se o abandono de "juízos criativos", vinculados ao bom senso, equidade ou máximas da experiência, devendo a convicção judicial estar atrelada a um sistema legal e à argumentação apresentada nos autos pelas partes.

A cognição deve, portanto, se estruturar de forma "processualizada", incluindo o convencimento discursivo dos sujeitos do processo, coerente com o espaço processual participativo, a fim de permitir ampla e irrestrita fiscalidade pelas partes.

Acredita-se que essas concepções são agravadas quando se está a examinar uma prova eletrônica.

O processo eletrônico alterou o contato direto do juiz com a representação dos fatos, sendo relevante considerar se tal situação interfere na qualidade da formação do seu convencimento.

É interessante analisar as interferências e os obstáculos deste contato, o que pode exigir "posturas processuais" diversas daquelas empregadas em processos físicos.

> As inovações trazidas pelo legislador, em relação à possibilidade de utilização da prova eletrônica, veio a atender aos reclamos da sociedade no sentido de melhor poder exercer o direito de ação, com base na possibilidade de utilização de tecnologias modernas, abandonando, progressivamente, os velhos costumes jurídicos impregnados de formalismos que somente engessam o regular curso do processo, protelando a efetiva prestação jurisdicional. Do que expomos, entendemos que se toma de especial importância e se faz necessário um melhor estudo e compreensão do instituto da prova cibernética, pois em que pese posições doutrinárias divergentes, apresentadas pelos processualistas clássicos da ciência jurídica a realidade social moderna, implica numa nova fase processual, em que cada vez mais o princípio do livre convencimento motivado do julgador, no caso concreto, será afetado pela presença

de provas cibernéticas no bojo dos autos, insertos pelos atores da lide. (Carvalho, 2009, p. 97).

Essa noção é interessante para marcar a passagem de um processo rígido, registrado em papel, para um processo desmaterializado, fluído. Sobre a questão, bem definiu José Eduardo de Resende Chaves Júnior:

> Ler um romance é muito diferente de ver o filme sobre ele, que por sua vez é também distinto da representação da respectiva peça teatral, que é diferente de uma novela. Ainda que o tema seja o mesmo, o meio altera e até condiciona a forma com que se dá a percepção e a intelecção da mensagem transmitida. Nesse sentido o meio transforma o próprio conteúdo da mensagem. (Chaves Júnior, 2016).

Na formação do convencimento do julgador, fatores ambientais sempre foram considerados pela doutrina para a verificação de possíveis interferências e obstáculos para o exame da prova.

Nesse cenário, verifica-se que a clareza, a distância e a qualidade da prova produzida em meio eletrônico podem prejudicar a análise objetiva das informações gravadas, diante das emoções ou comoções pessoais que podem provocar. Sobre o tema, sustenta Carlos Henrique Soares:

> "Fatores ambientais", por exemplo, podem interferir no julgamento e na percepção da prova e em sua valoração e valorização. "Fatores argumentativos" que possam trazer emoções ou comoções pessoais podem também ajudar a condenar ou absolver determinada pessoa. A prova e a decisão, mesmo que não pareçam, sofrem influência direta dessa argumentação e dos fatores ambientais e emocionais dos intérpretes. No fim, significa dizer, que no âmbito processual, a verdade ou a realidade depende de inúmeros fatores, sendo que a racionalidade está presente, mas sofre influência da irracionalidade ou do subconsciente. (Soares, 2016, p. 53).

No mesmo sentido, Lucélia de Sena Alves ressalta o seguinte:

> Quando se está em ambiente presencial, o contato do juízo com os sujeitos do processo e com as testemunhas tornam as percepções acerca de seu comportamento um elemento importante na valoração da prova pelo magistrado. No ambiente virtual, as partes podem estar em ambiente mais confortável e familiar, inclusive na presença de seus procuradores, o que permite que seu comportamento possa ser conduzido da melhor

forma para o seu interesse no processo. Ao não saírem da zona de conforto, a percepção do juízo, diante de uma versão bem prestada (nem sempre condizente com a realidade), pode ensejar em uma valoração errônea da prova.

No que toca ao convencimento do julgador, importa ainda ressaltar as influências da mídia, de jornalistas, de ativistas, de blogs, que atuam como verdadeiros empecilhos na construção de decisões democráticas, com a pretensão de transformar o espaço jurídico processual em espaço de disputa política, consoante ressaltam José Carlos de Araújo Almeida Filho e Francis Noblat:

> Em outros termos, à "supressão do espetáculo punitivo" (Foucault, 2009, p. 13), passamos à um espetáculo diário e permanente com o incremento dado à publicização com a virtualização do processo. O processo, este não mais oculto, e, com isso, a pena ditada pelos expectadores já não precisa ser publicizada, posto que fruto da vontade do público. Não necessitamos imaginar a cena do esquartejamento tão bem descrita por Foucalt (2009), posto que vivenciamos diariamente o espetáculo do processo, a espetacularização das cortes e a publicidade, especialmente no processo eletrônico, com clamor por decisões que agradem à mídia e ao público – e nada apaziguam em relação às partes. (Almeida Filho; Noblat, 2014, p. 96).

O problema mais latente, de fato, está na esfera do direito penal, que pode significar a violação de direitos como à liberdade. Isso porque a virtualização das provas pode criar o problema da eliminação da cadeia de custódia, relativa à análise das evidências ao longo e após o processo penal.

Ressalta Victor Hugo Pereira Gonçalves que, como o legislador processual, até 2019, não havia regulamentado a cadeia de custódia, os procedimentos integralmente virtuais estavam severamente comprometidos.

> Ao se eliminar a cadeia de custódia, lembrando do caso das armas, o Poder Judiciário destrói a possibilidade do réu, condenado ou não, de rever as provas que foram utilizadas para a sua condenação, bem como de analisar todo o procedimento de virtualização que foi utilizado para a formação daquele laudo: quem é o perito? Tinha advogado ou assistente técnico de defesa no momento da sua formação? E se o laudo contiver erro procedimental que futuramente pode ser questionado? Sem a arma não podemos jamais refazer este laudo... Enfim, uma série de problemas

e indagações jurídicas e fáticas que poderão ser feitas e inviabilizadas de serem revistas. (Gonçalves, 2018, p. 984-985).

Ademais, defende ainda o referido autor que "as provas colhidas de tecnologias da informação e comunicação ou biológicas possuem condições *sui generi* de guarda, pois podem ser alteradas mesmo sem a participação humana". Essas provas, "são suscetíveis de influências de temperatura e pressão em seu continente, o que poderia mudar os conteúdos existentes e impedir, por exemplo, o estabelecimento de um nexo causal em relação ao fato investigado" (Gonçalves, 2018, p. 986).

Apesar de a cadeia de custódia ter sido apresentada no contexto do processo penal, haja vista a alteração legislativa conferida pela Lei n. 13.874, Fredie Didier, Paula Braga e Rafael Oliveira defendem a aplicação da cadeia de custódia também no processo civil.

> Embora a cadeia de custódia esteja regulamentada no Código de Processo Penal, isso não impede seja ela utilizada como método de coleta, manutenção e documentação da história cronológica dos vestígios também no processo civil. A observância desse fluxo de trabalho pode-se revelar muito útil em casos como, por exemplo, as ações civis *ex delicto* e as demandas indenizatórias decorrentes acidentes aéreos ou de desastres ambientais. (Didier; Braga; Oliveira, 2024, p. 396).

A legislação conceitua a cadeia de custódia como o compilado sistemático de protocolos e procedimentos utilizados para assegurar e registrar a trajetória cronológica dos vestígios colhidos, monitorando a posse e manipulação destes, desde o momento de sua identificação até o procedimento de descarte.

A implementação deste dispositivo normativo e sua aplicabilidade no processo civil representa um avanço significativo na juridicidade do manejo das provas, reforçando a importância de protocolos para assegurar a intangibilidade e credibilidade das provas.

Uma cadeia de custódia sem violações sustenta confiabilidade e contribui para a admissibilidade das provas digitais nos sistemas virtuais.

Há ainda as questões afetas à inteligência artificial, que em alguns países já estão interferindo na convicção quanto do exame da prova.

Uma das situações se dá pelo desenvolvimento da "affective computing". Este recurso vem sendo apontado como sendo alternativa bastante útil, principalmente ao direito probatório. Nesse sentido, são as considerações de Erik Navarro Wolkart:

Atualmente, esse tipo de abordagem já é tecnicamente possível a partir da neurociência e teria relevantes implicações no campo da prova no processo civil e penal. Em termos coooperativos, não é difícil imaginar (a par das dificuldades constitucionais) que tais sistemas possam funcionar em depoimentos e interrogatórios de forma semelhante ao velho detector de mentiras, coibindo, em parte, litigância de má-fé, principalmente no que se refere à violação do dever de verdade no processo civil. (Wolkart, 2019, p. 759-760).

O referido autor ressalta ainda que já existem precedentes americanos sobre a utilização de exames neurocientíficos para desafiar, por exemplo, a alegação de dolo do réu no cometimento de homicídio, em razão de tumor cerebral que inibiria sua capacidade de tomada de decisão.

Ademais, a *cognitio* sobre ainda a influência das questões já apresentadas neste trabalho, relativas ao conteúdo, autoria e integridade do documento, que podem impedir um juízo seguro e essencial para a decisão.

> O que ocorre é que a sua plasticidade causa um forte abalo na certeza que possamos afirmar sobre a integridade de seu conteúdo e a conseqüente imputação de autoria, tornando-o frágil perante uma fundamentada impugnação. Porém, ao tratarmos tal questão, um pressuposto deve ser sempre relembrado. Toda a avaliação que seja feita sobre o valor probatório de um arquivo digital, implicará também no reconhecimento prévio da idoneidade dos instrumentos usados para a leitura de seu conteúdo, o que envolve ponderar a confiabilidade que as máquinas eletrônicas (hardware) e os programas de computador (software) emprestam para cada situação de manipulação de um dado arquivo. O problema que nos parece mais central está mais à frente, e desdobra-se em duas facetas: a primeira diz respeito aos casos em que lei determina que a prova do fato jurídico se componha, obrigatoriamente, de documentos, como o faz ao citar instrumento público. Nesse caso, qualificar ou não o arquivo digital como um documento será uma questão incontornável para a avaliação, pelo órgão julgador, da existência do fato alegado e o reconhecimento dos efeitos jurídicos que produzir. (Diniz, 1999, p. 38).

É por tais razões que importa ressaltar que o problema do convencimento se agrava no ambiente virtual.

O julgador precisa estar racionalmente munido de condições para sopesar, avaliar, as alegações de fato à luz do conjunto probatório. E as partes precisam conseguir exercer o direito à fiscalidade.

Nesse cenário, acredita-se que a aferição da racionalidade do convencimento do juiz se dará mediante a análise da fundamentação da decisão no que tange à prova, o que será melhor detalhado ainda no presente capítulo.

De todo modo, a partir das observações acima alinhavadas, já é possível concluir que a tecnologia passa a exigir, além da fundamentação "tradicional" – relativa a quais são os fatos controvertidos, às provas admitidas e produzidas, ao conteúdo e ao significado da prova, e a todo o raciocínio probatório do julgador -, também a justificação sobre a credibilidade da prova eletrônica.

Sobre a justificação da credibilidade das provas, são as lições de Luiz Guilherme Marinoni, Sérgio Arenhart Cruz e Daniel Mitidiero:

> Antes de o juiz estabelecer a ligação entre a prova e o fato, deve valorar a credibilidade da prova. Não se trata de valorar se a prova identifica o fato, mas sim se o documento é formalmente exato ou se o perito e a testemunha são idôneos, ou mesmo se a prova pericial e a prova testemunhal têm saliências que retirem a sua credibilidade. [...] A credibilidade da prova tem relação com a sua idoneidade. Assim, a prova pericial que contém contradições que inviabilizam a sua própria prestabilidade para o esclarecimento do fato, do mesmo modo que o depoimento que contém em seu bojo graves contradições, não passam pelo teste de credibilidade e, assim, sequer podem ser relacionados com o fato que almejam elucidar. (Marinoni; Arenhart; Mitidiero, 2015, p. 430-431).

Embora já se defenda a necessidade de justificação da credibilidade da prova, no que toca às provas eletrônicas, esse exame passa a ser determinante em relação ao meio de decodificação desta.

Na verdade, a presente obra denuncia esta problemática, diante da insegurança inerente ao ambiente virtual e ao uso da tecnologia.

Não se está a defender, de forma alguma, que não é possível promover a segurança na transmissão de dados. Apenas que deve ser estruturada uma teoria objetiva do conhecimento, com eixo da racionalidade, de modo a compreender os direitos fundamentais e a isonomia no Estado Democrático de Direito, capaz de garantir o igual direito de interpretação aos legitimados do processo.

Cabe a todos os operadores do direito estarem preparados para atuar nessa nova realidade, mantendo uma preocupação constante de preparação para compreender a tecnologia e este novo processo em meio virtual.

5.2 Estrutura procedimental da prova eletrônica

A partir das considerações doutrinárias apresentadas no item anterior, considera-se que a estrutura procedimental da prova eletrônica deve refletir, inicialmente, sobre as fases do procedimento jurisdicional.

Isso porque a demarcação teórica a ser formalizada, a atender aos ditames do Estado Democrático de Direito, não se limita à fase instrutória propriamente, envolvendo todo o procedimento.

Segundo Luiz Guilherme Marinoni, Sérgio Cruz Arenhart e Daniel Mitidiero (2015), o procedimento probatório é dividido em quatro fases, correspondentes a cada um dos momentos da prova no processo; são eles: o requerimento; a admissão; a produção e a valoração da prova.

Segundo Fredie Didier Junior, Paula Braga e Rafael Oliveira, as fases são: proposição, admissão, produção e valoração da prova. As três primeiras são fases processuais – ocorrem no processo; já a valoração dá-se na decisão. Normas sobre os momentos da proposição e da admissão e normas sobre a produção são processuais; normas sobre a admissibilidade (aptidão para a prova provar determinado fato) e a valoração da prova são normas de julgamento (Didier; Braga; Oliveira, 2024).

Sobre as fases, expõe Francisco Rabelo Dourado de Andrade que:

> A observância das fases lógicas do procedimento, conjugada com a demarcação teórica do devido processo, resulta na noção de ordinariedade procedimental processualizada estruturada em uma linguagem jurídico-normativa que impõe o prévio atendimento de pressupostos de formação do procedimento, depois de exercido o direito constitucional de petição (fase postulatória), com a imediata abertura ao direito de defesa e instalação do contraditório para, ato contínuo, propiciar a análise dos pontos controvertidos relacionados à defesa contra o mérito e oportunizar às partes a produção de provas pelos meios legais (fase instrutória). Daí, finalmente, falar-se em fase conclusiva da cognitio (procedimento de conhecimento) com o acertamento de direitos como decorrência lógica da observância dos princípios institutivos do processo (fase decisória), os quais, conforme visto, não abonam flexibilizações, distinções ou postergações pelo juiz, salvo se se tratar de direitos constitucionalmente líquidos, certos e exigíveis. (Andrade, 2019, p. 147).

O referido autor, na medida em que aponta as fases do procedimento probatório (fase postulatória; fase instrutória e fase decisória), anuncia contornos para a atuação do magistrado e das partes, na perspectiva da processualidade democrática.

Já Ronaldo Brêtas de Carvalho Dias, em sintonia com o modelo constitucional de processo, denomina as etapas lógicas do procedimento (ou a procedimentalização) da prova da seguinte forma: proposição ou indicação; admissão; produção ou concretização; e valoração. O autor explica que:

> [...] A regra é a de que as partes propõem, indicam, oferecem ou requerem as provas com as quais pretendem fixar ou demonstrar os fatos por elas narrados, por estarem em melhores condições de fazê-lo, já que, em princípio, possuem os elementos adequados à confirmação de suas narrativas em juízo. O autor assim o faz na petição inicial e o réu na sua defesa, vale dizer, a proposição das provas surge na fase postulatória do processo. Segue-se a admissão das provas pelo juiz, quando decide de forma motivada sobre a pertinência das provas propostas ou requeridas pelas partes, ato decisório de admissibilidade que ocorre na fase de saneamento do processo, que se instaura a partir da fase postulatória. Após, as provas admitidas serão produzidas ou concretizadas pelas partes por meio das respectivas estruturas técnicas procedimentais normativamente previstas, sempre em contraditório. Por fim, a valoração das provas, que será feita pelas partes em suas alegações ou razões finais, ao ensejo dos debates orais, ou pelos memoriais escritos que apresentam, em substituição aos debates orais, e pelo juízo, em seu pronunciamento decisório. (Dias, 2016, p. 106).

A partir do que foi exposto acima pelos processualistas, conclui-se que há certo consenso no que se refere as fases da prova, estabelecidas a fim de melhor compreender o sistema probatório.

Para o presente estudo, contudo, considera-se relevante apresentar a existência de cinco fases, apontadas pela Teoria Neoinstitucionalista de Rosemiro Pereira Leal, que são: a proposta *(i)*; a admissão *(ii)*; a produção *(iii)*; a valoração *(iv)* e a valorização *(v)*. Essa separação em fases tem a finalidade única de melhor delimitar os momentos da prova no processo, sendo relevante para teorizar a temática em estudo.

Considera-se, ainda, a categoria teórica do processo constitucional, de Hector Fix-Zamudio e Eduardo Couture, sistematizada no Brasil por José Alfredo de Oliveira Baracho, diante da verificação de que, independente de o processo ser eletrônico ou físico, no paradigma constitucional, são cogentes as regras do direito processual constitucional.

Feitas essas considerações, a fase inicial, em síntese, é a de requerimento da produção da prova ao Judiciário. Em seguida, passa-se para a fase de exame do cabimento prova, admitindo-se ou não a sua viabilidade para efetivamente contribuir com o resultado do processo. A terceira fase é a de produção da prova admitida e, por fim, as fases de valoração e valorização, que estão relacionadas à reflexão sobre a existência da prova e formação da cognição.

A ideia de valoração e valorização da prova na processualidade democrática é bem analisada por Dhenis Cruz Madeira, para quem:

> Na atual teoria da prova, a valoração corresponde à percepção de existência do elemento de prova nos autos (forma cartular ou eletrônica), ao passo que a valorização consiste o apontamento da importância do elemento de prova para a conclusão do provimento, isso implicando uma análise técnica, lógica e jurídica do que vem a representar aquele instrumento de prova para a sentença e o objeto litigioso. [...] Na valoração e valorização das provas, o aspecto psicológico ou a singular inteligência do julgador não são fatores preponderantes, vez que há que se sopesar, pela via argumentativa, a valoração e valorização das provas pelas partes. A atividade cognitiva do julgador, como precitado, é provocada e delimitada pela atividade cognitiva das partes. (Madeira, 2008, p. 166-167).

Reconhecendo o aspecto temporal que separa valoração e valorização, explica Rosemiro Pereira Leal que:

> [...] Valorar a prova significa, num primeiro ato, perceber a existência do elemento de prova nos autos do procedimento. Num segundo ato, pela valorização, é mostrar o conteúdo de importância do elemento de prova para a formação do convencimento e o teor significativo de seus aspectos técnicos e lógico-jurídicos de inequivocidade material e formal. Assim, a sensorialização ou percepção dos elementos de prova não é suficiente para o observador decidir. É necessário que o observador se encaminhe para a valorização da prova, comparando os diversos elementos de prova da estrutura procedimental, numa escala gradativa de relevância, fixando sua convicção nos pontos do texto probatício que a lei indicar como preferenciais a quaisquer outros argumentos ou articulações produzidas pelas partes [...]. A valoração é ato de apreensão intelectiva do elemento de prova e a valorização é o ato de entendimento legal dos conteúdos dos elementos de prova. (Leal, 2016, p. 298-299).

Assim, a valoração da prova é, num primeiro ato, perceber a existência do elemento de prova no procedimento, indicando que foi visto e examinado seu conteúdo. Num segundo ato, pela valorização, é analisada a importância do elemento da prova para a formação do convencimento, conferindo relevância a um ou a vários aspectos desse elemento.

Vale ressaltar que as fases do procedimento probatório, em regra, estão nitidamente separadas. Contudo, podem, eventualmente, se misturarem, em virtude de particularidades do processo, quando, a título de exemplo, a prova é obtida pelo procedimento de produção antecipada de provas, previsto no artigo 382 do CPC/15 (Brasil, 2015).

Além disso, a prova, para cumprir a sua finalidade, deve manifestar-se segundo alguns princípios (Carnelutti, 1982).

Nesse ponto, cumpre anotar que a rigorosa observância dos princípios do devido processo legal, na regência do contraditório, da ampla defesa e da isonomia, não afasta a existência de outros princípios, próprios da atividade probatória.

Assim, para além dos princípios processuais acima apontados, outros mais específicos devem ser considerados, denominados princípios institutivos, nas dimensões de espaço, tempo e forma.

O espaço (relativo à realidade objetiva) "seria a condição da existência do elemento de prova"; o tempo (referente ao tempo lógico da inteligência humana) "seria o meio de consciência da existência do elemento de prova"; e a forma (relativo à formalização) "seria o modo de concretização instrumental (verbal ou documental) pela síntese explicativa cartularizada do meio e elemento de prova" (Leal, 2016, p. 286).

A conjugação dessas dimensões com os princípios institutivos da prova (indiciariedade, ideação e formalização) é a base de validade e eficácia dos atos probantes em juízo, conforme explicita Rosemiro Pereira Leal:

> [...] O princípio da indiciariedade aponta o elemento de prova no espaço. O princípio da ideação rege o meio intelectivo legal da coleta da prova no tempo do pensar. O princípio da formalização realiza o instrumento da prova pela forma estabelecida em lei. De consequência, a prova, como instituto jurídico, enuncia-se a partir do mundo da realidade dos elementos sensoriáveis pelos meios de ideação jurídica para elaboração do instrumento de sua expressão formal. Depara-se, portanto, na base teórica do instituto da prova, com princípios que, como veremos, são conceptivos de validade e eficácia dos atos probantes em juízo. (Leal, 2016, p. 290).

Sobre estes princípios, extrai-se das lições acima que o princípio da indiciariedade diz respeito à existência de um elemento sensível na realidade objetiva (elemento de prova no espaço). A título de exemplo, no caso de um exame de DNA, seria o cabelo a ser examinado, coisa a periciar.

O princípio da idearidade indica o meio cognitivo de coleta da prova no tempo. Portanto, consiste no exercício intelectivo da apreensão dos elementos pelos meios do pensar no tempo, de apreensão e de transmissão da prova pelo intelecto (transposição da realidade extraprocessual para a realidade processual). A título de exemplo, no mesmo caso de exame de DNA, seria a perícia.

O princípio da formalização, por sua vez, se refere a uma instrumentalidade estabelecida pela lei. Significa, portanto, a instrumentação da realidade pensada pela forma legal, pela sua materialização gráfico-formal a partir dos meios intelectivos ou técnico-jurídicos admitidos. No caso do exame de DNA, seria o laudo pericial.

Dentro da estrutura procedimental, as dimensões apontadas tem conexão normativa, segundo estes princípios que coordenam a interação do elemento (pessoa, coisa, fato, ato ou situação a ser periciada), do meio (uma perícia, por exemplo) e do instrumento da prova (o laudo da perícia). Tais princípios se unem pela conexão normativa determinante de seus significados e aplicação, cuja finalidade é a formação da cognição.

Esse sistema lógico é cíclico, sendo denominado por Leal como "ciclo metamorfósico da prova" (Leal, 2016, p. 454-455). Completa ainda o autor que, sem "o procedimento (relação espácio-temporal formalizada) não há como operacionalizar, democraticamente, o *instituto da prova*" (Leal, 2016, p. 298).

A existência de um procedimento lógico, de um "método", suficiente para a transposição da realidade extraprocessual para a realidade processual, a fim de construir um convencimento esclarecido, é que permite a fiscalidade pelo povo.

A identificação deste procedimento (sistema lógico da reprodução cíclica da prova) vai provocar a cognição *legal* do julgador, de caráter objetivo e não empírico, que se expressará na decisão jurisdicional.

Ainda neste sistema, a própria sentença será um novo elemento de prova, que poderá também ser apreendido pelos meios lógico-jurídicos do recurso, por via de uma petição recursal (instrumento), que se transformará em um novo elemento de prova sobre o qual recairá o julgamento (meios), gerando decisão instrumentada (e assim indefinidamente) (Leal, 2016, p. 456).

Esse sistema, portanto, por deter critério normativo e principiológico fundados no devido processo constitucional, permite afastar critérios híbridos e polissêmicos, fundados na livre convicção e na persuasão racional do julgador.

A prova da existência, ou a consciência desta, exige demonstração por essa teoria da prova. Por tal razão, considera-se que o "procedimento processualizado é a prova das provas" (Leal, 2016, p. 298).

A partir dessas considerações, bem como daquelas apresentadas nos itens anteriores ao presente, conclui-se que, para bem delimitar a estrutura procedimental da prova eletrônica, deve-se considerar, inicialmente, o resultado da prova e o seu reconhecimento como instituto jurídico.

O resultado desta atividade são hipóteses que permitem a eliminação de erros, dentro de um espaço de refutação, a comportar o afastamento das hipóteses mais improváveis, com o reconhecimento da hipótese mais resistente para o caso concreto.

Como instituto, a prova apresenta-se como procedimento sistematizado e escrito, dentro do qual se deve operar o raciocínio do intérprete.

Diante de todo o exposto, adota-se para o presente estudo a concepção de que o objeto da prova são os fatos, pessoas, coisas ou situações (consciência ou presença de ato, fato ou pessoa), que serão representados e demonstrados pelos meios intelectivos autorizados em lei.

Ademais, deve-se associar a produção da prova à qualificação jurídica dada pela norma como lícito ou ilícito, considerando tanto a coleta (meio intelectivo legal), como a formalização (instrumento) da prova, sendo ainda essencial um exame dos limites materiais da prova, sobretudo no que toca ao direito à privacidade dos dados pessoais.

A ideia de estruturação procedimental precisa estar regida pelas garantias constitucionais do devido processo legal, isto é, contraditório, ampla defesa e isonomia, compatível com a matriz neoinstitucionalista do processo, articuladas para a construção da decisão jurisdicional, a fim de permitir, aos sujeitos potencialmente atingidos, a garantia de fiscalização.

Em todas as fases do procedimento probatório, quais sejam, a proposta, a admissão, a produção, a valoração e a valorização, importa ainda realizar a conjugação das dimensões de tempo, espaço e forma com os princípios da indiciariedade, ideação e formalização.

No ambiente virtual, contudo, pretende-se incluir nova dimensão, qual seja, *o modo de transmissão da prova eletrônica*, que se traduz na indicação do sistema ou programa para a transmissão da prova eletrônica.

Inicialmente, cumpre registrar que o *modo de transmissão da prova eletrônica* se diferencia do *modo de concretização instrumental da prova*, conforme informado pela Teoria Neoinstitucionalista do Processo, devendo este último, igualmente, ser considerado na análise probatória.

Segundo Leal (2016), a peça gráfico formal (um laudo, por exemplo), definida e indicada em lei, se concretiza de forma verbal ou documental.

Contudo, no caso de documento eletrônico, para além da sua representação, é necessário considerar o sistema ou programa que decodifica tal instrumento.

Na verdade, inova o presente estudo, ao ressaltar, na estrutura procedimental democrática da prova, nas dimensões de tempo, espaço e forma, a virtualização do instrumento de prova em meio eletrônico.

Essa concepção cria uma nova fase, para além daquelas já trazidas (proposta; a admissão; a produção; a valoração e a valorização), a do *"duplo ingresso"*, que antecede as fases de valoração e valorização.

Isso porque, com a desmaterialização do processo, do meio físico para o virtual, surgem novas perspectivas a serem consideradas, referentes ao "canal" adotado; num primeiro momento, para interligar a prova produzida ao meio virtual, e, em seguida, para interligar o meio aos receptores da mensagem (a outra parte e o juiz), diante da possibilidade de alteração da percepção da prova (valoração e valorização) pelo "canal" eleito.

A partir da informatização do Judiciário, o processo eletrônico passou a ser o ambiente em que se apresentam todas as peças processuais que serão objeto de exame; em que se dará o debate democrático; e onde será construída a decisão. É através deste ambiente que também se disponibilizará a ordem do juízo e as partes demonstrarão que esta foi cumprida.

Trata-se, então, de um espaço virtual onde serão trazidos todos os atos processuais, sendo espaço de construção da determinação jurídica final.

Assim, a depender do "canal", do programa adotado, pelos sujeitos processuais, na fase do *duplo ingresso*, pode-se dificultar o conhecimento do fato litigioso – ou mesmo a possibilidade de acesso a ele -, diante da via de conexão.

Portanto, a existência de provas em meio virtual e a incorporação de tecnologias para a reprodução delas, obrigatoriamente, tornam o processo mais vulnerável.

Considerando que a compreensão-interpretação-aplicação é incindível, essa conjuntura, em especial, relativa à prova a ser transmitida em meio virtual, põe em risco direto a relação entre juiz, partes e prova, a qualidade dos debates judiciais e, consequentemente, as decisões proferidas.

É necessário, portanto, dar maior relevância à forma como as provas são produzidas, assim como ao debate judicial com as partes, o que leva, necessariamente, ao exame do ingresso da prova em um sistema virtual.

Pelo exposto, o processo em meio virtual ou o processo eletrônico aumenta a responsabilidade das partes e do juiz, no sentido de que todos devem se preocupar, para além da sua produção, com a forma de ingresso e reprodução da prova, isto é, com o programa tecnológico (software) a ser utilizado.

Vale registrar que considera-se extremamente relevante a preocupação em relação à valoração e valorização da prova neste sistema, que passa pela percepção e pela sensorialização dos elementos aqui apresentados.

Contudo, no presente trabalho, não se está a tratar dos problemas mais específicos relativos à sensorialização e percepção da prova pelos sujeitos processuais – questão que necessita de estudos mais aprofundados-, mas da forma como a prova objetivamente se apresenta, a trazer consequências na percepção subjetiva.

Não há dúvida de que "as inovações tecnológicas acabam por afetar diretamente a vigência e o dimensionamento do princípio da imediação". A imediação possui caráter epistemológico, na medida em que obedece a ideia de que o contato direto do juiz com o material probatório permite uma maior credibilidade (Gomes, 2016, p. 229).

Sobre a etimologia do vocábulo Imediação (ou imediatidade), verifica-se que expressa a ideia de "ausência de permeio ou de interferência, proximidade ou contiguidade a algo, ou, mais especificamente, cercania física a um objeto material que é suscetível de converter-se em um método de conhecimento e interação com o objeto tratado (Gomes, 2016, p. 40).

Em termos processuais, a imediação seria um:

> Mecanismo, instrumento ou princípio em virtude do qual se procura assegurar que o juiz ou tribunal esteja em permanente contato – relação de proximidade intelectiva – com as alegações das partes e os apontamentos e gestões probatórios, a fim de que possa conhecer em toda sua significação o material da causa, desde seu princípio, aqueles que devem proceder aos debates para formação do convencimento judicial e aquele que, ao final, deverá pronunciar a sentença que resolva a causa, apreciando as pretensões externadas. (Gomes, 2016, p. 40).

Portanto, a imediação não é o simples contado direto do juiz com a prova. Envolve outros fatores, como o exame do meio, por considerar o contato direto do julgador a permitir conhecer de toda a significação do material.

Para o presente trabalho, contudo, adota-se um conceito de imediação mais "abrangente", diante da necessidade de se considerar também o contato das partes com a prova. Tal perspectiva é apresentada por Alfredo Vélez Mariconde (1986), que insere em sua formulação o contato direto de todos os sujeitos processuais entre si no momento de receberem as provas.

Nessa perspectiva, a imediação supera as referências tradicionais da oralidade e do foco no julgador, para incluir o recebimento da prova, de forma geral, em relação a todos os sujeitos da relação processual.

No mesmo sentido, explica James Goldschmidt (2010), ao registrar que o conceito de imediação foi inicialmente vinculado à essência da oralidade. Paulatinamente, contudo, a imediação passou a ser reconhecida como um princípio especial de recebimento da prova.

Em relação à prova eletrônica, deve se apresentar para os sujeitos processuais sem sofrer alteração alguma por algum influxo, erro ou desfiguração de dados que seja estranha à sua natureza. Nessa concepção, o princípio da imediação servirá para a garantia da credibilidade da prova, de modo a alcançar, o mais próximo possível, uma real coincidência entre o objeto a ser provado e os destinatários da prova.

Todavia, no caso de prova em meio virtual, essa imediação também é virtual, sendo um desafio ainda maior, sobretudo diante do pouco tratamento da matéria pela legislação brasileira, bem como em razão da ausência de garantia de que as informações trazidas guardam conformidade com o argumento, a articulação lógico-jurídica da parte.

Trata-se, portanto, de vislumbrar o princípio da imediação na perspectiva virtual, consoante defendido por Délcio Alonso Gomes:

> Mais recentemente, em razão da incidência das tecnologias da informação e da comunicação no processo penal e a consequente necessidade de revisitar os conceitos sedimentados pela prática forense, começou-se a trabalhar com a ideia de uma chamada imediação virtual, consistente na adoção do conceito dúplice (objetivo e subjetivo) de imediação, aplicado através de ferramentas da tecnologia da informação e da comunicação, que autorizaria uma espécie de imediação remota. Em que pese a aparente *contraditio in terminis* desta expressão, a imediação virtual é materializada por uma interação *on line* com os meios de prova. Ou seja, mesmo não estando na presença física do juiz e das partes, a prova pode ser produzida à distância, mas sob a condução judical e supervisão das partes, permtindo-se a prática imediata do contraditório e dos demais direitos fundamentais que norteiam o processo. [...] Entende-se, por oportuno, que em que pese a possível atenuação da imediação, tal modalidade de interação comunicativa não constitui exceção ao princípio. A garantia implícita na imediação relaciona-se, pois, com o caráter imediato, quer dizer, não mediado ou livre de interferências, da relação de todos os sujeitos processuais entre si e com o objeto da causa, que propicia tal modo de conceber o processo. (Gomes, 2016, p. 74-75).

Assim, o meio virtual ou eletrônico acaba por atender, como regra, os requisitos demandados pela imediação. Todavia, em termos de experiências sensoriais, pode-se destacar o seguinte: deve estar garantida a preservação do que originalmente buscou-se transmitir; precisa ser permitida a fiscalidade dos sujeitos processuais em relação às possíveis intervenções ou modificações; exige-se ainda que a fundamentação considere a credibilidade da prova, indicando-se o programa em que foi transmitida a prova eletrônica.

Todos os sujeitos processuais precisam ter isonômicas condições para a valorização da prova, sob pena de não se verificar, de forma plena e democrática, o contraditório.

A identificação de fases do procedimento, conforme acima relacionadas, e das dimensões de tempo, espaço e forma com os princípios da indiciariedade, ideação, formalização (apresentadas pela Teoria Neoinstitucionalista do Processo) e da imediação, precisa ser ultimada a partir do *duplo ingresso*, que é a garantia da inserção da prova nas plataformas digitais do Judiciário, ficando esta disponível às partes e ao juiz, e do *modo de transmissão da prova eletrônica*, ou seja, a indicação do sistema ou programa para a transmissão da prova eletrônica, para o fim de eliminação de erros, sobretudo em relação à valoração e valorização da prova.

O juiz, ao decidir, deve dizer que viu a prova nos autos. Deve fixar sua convicção no sentido prevalente da lei, com base nos argumentos ou articulações produzidas pelas partes, a fim de permitir que elas participem da construção do provimento. Deve, ainda, a partir da estrutura procedimental da prova, apontar uma escala gradativa de relevância (eliminação de erros), diante da inafastável necessidade de julgamento em bases normativas prévias. Também precisa expressar a cognição legal no instrumento (ato formal- decisão ou sentença) que, por sua vez, exige a indicação do *modo de transmissão da prova eletrônica* (sistema ou programa), como requisito de causalidade da fundamentação legal (art. 93, incisos IX e X, CRFB/1988).

A experiência sensorial é imprescindível ao ato de conhecimento (valoração e valorização). Essa experiência, porém, deve considerar o contato com a prova, sendo conteúdo da decisão a indicação da via que permitiu que a "mensagem" chegue até seu destinatário.

Nos autos físicos, esta via é comum a todos os sujeitos; afinal, todos tem o contato com a prova da mesma maneira, qual seja, a física; no processo eletrônico, contudo, o canal ou contato exige decodificação de dados, um sistema ou um programa, para que todos possam compartilhar da mesma informação emitida.

Em outras palavras: uma prova documental, como uma fotografia colorida, juntada em autos físicos, tem apresentação única, para as partes e para o juiz. Nos autos virtuais, todavia, ainda que se tenha juntado documento digital em cores, não há segurança de que todos os demais sujeitos da relação processual tenham acesso à prova da mesma maneira, o que obriga à conclusão no sentido de que o *modo de apresentação* da prova – sempre decodificada, para se adequar ao meio virtual – tem relevante papel.

O modo como a prova é apresentada em meio virtual pode alterar (e até condicionar) a forma de percepção e a intelecção da mensagem transmitida.

Agrava-se o problema quando se observa que a fiscalização do procedimento é privativa do Estado-juiz, uma vez que, no Estado Telemático, o espaço processual de debate é vigiado apenas pelo Judiciário, não conseguindo qualquer do povo, em pé de igualdade, supervisioná-lo. Como observa Leal, "o desenraizamento do sujeito pela desterritorialização é mais um degrau de angústia e desespero do que de liberdade virtual, porque o ciberespaço sofre a vigilância estriada do espaço Estatal" (Leal, 2018, p. 9).

Portanto, além da concepção de elemento, meio e instrumento, para os atos processuais praticados em meio virtual, é exigido o *modo de transmissão da prova eletrônica*, a partir da indicação do sistema ou programa de transmissão.

O *modo de transmissão da prova eletrônica* é condição para a sua percepção objetiva; a prova necessita de digitalização, de transmissão e de registro dos atos processuais, devendo essas ações estarem sintonizadas às estações de transmissão e recepção dos dados dos sistemas disponíveis.

Ao mesmo tempo em que se precisa de uma infraestrutura que corresponda ao preconizado na legislação, relativa à coleta e guarda de documentos, também é necessário observar o princípio da imediação virtual, que, na perspectiva defendida, se preocupa com a apresentação da prova em espaço normatizado, assegurando-se unicidade e isonomia no sistema que vai decodificá-la, para todos os integrantes da relação jurídica processual, pois a interferência tecnológica no procedimento não pode reduzir a garantia do devido processo legal.

Do mesmo modo, o procedimento em meio virtual não pode reduzir o acesso à justiça, que é um direito fundamental garantido na CRFB/1988. A inserção do processo eletrônico, tende a criar obstáculos para este acesso.

Diante disso, deve-se (re)estruturar o procedimento relativo à prova, numa perspectiva democrática, levando em conta o ambiente virtual em que o processo se encontra e considerando o modo como os atos processuais serão transmitidos.

O acesso à justiça ocorre através do processo, segundo a legislação constitucional e infraconstitucional. O espaço virtual não pode limitar o conteúdo da norma, ou mesmo esvaziá-la.

Neste ponto, conclui-se que o processo eletrônico não pode formular uma nova teoria processual. São exigidos, todavia, novos contornos teóricos, que devem sempre considerar a concepção democrática de processo; isto é, processo enquanto instituição constitucionalizada e estruturada sob o pleno exercício da cidadania e da democracia.

Portanto, conclui-se que, nas fases de exame do direito probatório, é preciso compreender a necessidade do *duplo acesso* – que se traduz como "porta" para a inserção da prova nas plataformas digitais do

Judiciário, ficando esta disponível às partes e ao juiz – como nova fase do procedimento probatório e, na base teórica do instituto da prova, o *modo de transmissão da prova eletrônica*, ou seja, a indicação do sistema ou programa para a transmissão da prova eletrônica, para cumprimento do devido processo legal no exercício da atividade jurisdicional, segundo o princípio da imediação virtual.

Vale ainda registrar que o processo, enquanto ambiente lógico para a atuação discursiva, procedimentalizada e democrática, precisa garantir a fiscalização pelos seus destinatários, o que confere extrema importância e utilidade às teorias que defendem a importância da fundamentação.

Diversos autores ressaltam que a fundamentação é uma das formas de controle da cognição judicial. Lenio Luiz Streck aponta que:

> [...] Em tempos de aposta no 'livre convencimento preciso trabalhar o grau de legitimidade do provimento jurisdicional (resultado do processo). E este se mede (pelo menos) de duas formas: Primeiro pela exigência de que o provimento seja efetivamente influenciado pela argumentação dos interessados (cláusula do contraditório como garantia de influência); segundo, pela necessidade de que a decisão seja compatível, de modo substancial, com a Constituição (a decisão deverá ser e estar integrada, validamente, na história institucional do Direito). A questão central passa, pois, pela inexorável exigência de que a motivação do ato jurisdicional seja 'ampla', abrangendo não só a versão 'aceita' pelo julgador, mas também as razões pelas quais ele recusara a versão oposta. [...] é a partir do fiel cumprimento deste *dever fundamental de fundamentar decisões* (produzidas em contraditório) que deve ser equacionada a *questão da democracia* que subjaz ao processo. (Streck, 2010, p. 68-69).

Para uma adequada aplicação do princípio da motivação, é possível ainda concluir que a tecnologia passou a exigir na fundamentação também a credibilidade da prova eletrônica. Assim, para o exercício da fiscalidade, é necessário identificar, tanto no ato decisório final, como em despacho saneador, o *modo de transmissão da prova eletrônica*, isto é, a indicação do sistema ou programa de transmissão da prova.

A partir dessa identificação, vícios de natureza objetiva, decorrentes do modo de exibição da prova em meio virtual, a prejudicar a valoração e valorização da prova, poderão ser corrigidos, preservando-se transparência e fiscalidade, sobretudo diante da codependência entre contraditório e fundamentação das decisões judiciais, que será detalhada no próximo item.

5.3 A importância do dever de fundamentação e do saneamento do processo para a eliminação de erros no procedimento probatório virtual

Dentro da estrutura procedimental proposta no item anterior deste livro, ressaltou-se que as últimas fases probatórias são valoração e valorização das provas.

Consoante afirmado, após a representação e demonstração dos elementos de prova pelos meios de prova, de maneira formalizada e em observância aos padrões legislativos, deve o juiz valorá-los, num primeiro momento, para, posteriormente, valorizá-los.

Valorar a prova é dizer sobre a existência e conteúdo dos elementos de prova nos autos do procedimento. A valorização, por sua vez, é conferir valor, relevância, a um ou vários aspectos dos elementos de prova, instrumentados nos autos (Leal, 2016, p. 464).

Assim sendo, na valoração e valorização das provas, a figura do julgador é preponderante, no sentido de que terá ele o dever de indicar, pela via argumentativa, a sua atividade cognitiva.

Essa atividade foi provocada e delimitada pela atividade cognitiva das partes, durante as fases anteriores do procedimento. Mas não se pode ignorar que o sistema lógico jurídico (instituto da prova) permite também às partes valorarem e valorizarem a prova, corroborando uma situação de existência ou inexistência de um direito pretendido.

Nesse sentido, a prova como um instituto, criado pela lei e regido por um sistema lógico de demonstração de seu objeto, é que permite às partes a fixação de informações relevantes a fim de influenciar na decisão final.

A decisão final, contudo, trará os argumentos das partes e do julgador, desenvolvidos dentro do espaço de refutação (processo), em que será declarada a hipótese (argumento) mais resistente.

Nessa perspectiva, a decisão final deixa de fundar-se na consciência soberana do juiz, ou no seu "livre convencimento motivado".

> A sentença ou decisão há de ter seus fundamentos egressos da lógica procedimental formalizada e desenvolvida compartilhadamente pelos sujeitos do processo. Em direito processual democrático, a ausência dessa vinculação descaracteriza o conceito de fundamento decisório nas democracias a que alude o art. 93, incisos IX e X, da CF/1988. As leis são balizadores hermenêuticos das decisões, mas processualmente

os argumentos fundantes são, nas democracias, inferentes (conceitos inferidos) da estrutura escritural do procedimento. (Leal, 2016, p. 296).

Assim, consagrado na CRFB/1988 em seu artigo 93, inciso IX, o princípio da motivação é importante não só às partes e ao juiz, mas a toda sociedade. É na fundamentação que aparecem as razões que devem sustentar a convicção sobre o caso.

A análise sobre as provas e a decisão devem ser guiadas por critérios racionais, a considerar a justificação da credibilidade da prova e a sua valoração de forma individualizada. Ademais, não há como ignorar a necessidade de apresentação do percurso do raciocínio do julgador, apresentando a prova e o seu objeto, também de maneira particularizada.

A motivação precisa considerar a valoração individual e valoração conjunta. Ademais, segundo Luiz Guilherme Marinoni, Sérgio Arenhart Cruz e Daniel Mitidiero, a valoração conjunta, deve conduzir a uma narrativa convincente, aceitável, a partir das provas e das alegações construídas no processo (Marinoni; Arenhart; Mitidiero, 2015, p. 435-442).

O juiz deve demonstrar quais os critérios utilizados para a solução da controvérsia, sendo tal determinação garantia da democracia e do próprio povo, assegurando-se a todos que se submetem à jurisdição conferir o acerto do julgamento, bem como apresentar recurso, caso houver interesse.

A atuação das partes no CPC/15 também interfere sobremaneira no convencimento do julgador. Segundo o artigo 10, por exemplo, o juiz não pode decidir, em grau algum de jurisdição, com base em fundamento a respeito do qual não se tenha dado às partes oportunidade de se manifestar, ainda que se trate de matéria sobre a qual deva decidir de ofício (Brasil, 2015).

Por tal razão é que a persuasão racional, ou seja, o fundamento da decisão, é objeto do contraditório. De acordo com José Marcos Rodrigues Vieira, trata-se de "todas as questões que possam, em tese, excluir a solução (entrevista e ainda não revelada) que pretenda adotar o juiz" (Vieira, 2014, p. 124).

O CPC/15, no seu artigo 489, disciplina, de maneira mais detalhada, o tema da fundamentação das decisões judiciais, ao enumerar requisitos de validade da sentença e, de forma sistemática, a necessidade de motivação clara e completa das decisões, o que envolve enfrentar todos os argumentos deduzidos no processo capazes de, em tese, infirmar a conclusão adotada pelo julgador (Brasil, 2015).

O juiz deve informar, então, os motivos que o levaram a determinada conclusão, o que é denominado como princípio da motivação. Sobre os efeitos da aplicação deste artigo, explica Arthur Mendes Lobo e Antônio Evangelista de Souza Netto:

> Permitirá o melhor controle dos atos do juiz, por decisões em grau recursal ou em sede de mandado de segurança, reclamação e outros meios de impugnação, bem como por meio de opiniões de interessados, através do exercício democrático da liberdade de expressão. Esse requisito formal do controle de qualidade das decisões confere legitimidade (em sentido amplo) ao juiz, para que, ao revelar o direito, ele estimule a mudança da realidade sociocultural dos jurisdicionados, em função do caráter pedagógico da decisão. Em análise, a mudança da cultura ocasionada pela compreensão e respeito ao que foi decidido, aumenta a segurança jurídica e diminui processos no Judiciário. (Lobo; Souza Netto, 2014, p. 171).

Pelo exposto, há um entrelaçamento entre o contraditório (em simétrica paridade), prova, ampla defesa e fundamentação das decisões.

> A considerar o contraditório por uma "essência" da oportunidade de estar no processo em igualdade com outros, esquece-se como essa paridade se fundamenta para o exercício desse direito. A não colocar esse tema em cogitação, a ampla defesa se transmuta em tagarelice (lalação) ou presença vital de partes escreventes ou falantes (praxis) com igualdade gozosas de falas ou posições ingênuas. A simétrica paridade é princípio de conteúdos complexos que, ao seu esclarecimento, suplicam ingresso na demarcação teórica da dignidade que impõe, no plano instituinte-processual da lei, nas democracias não paideicas, acolhimento como direito líquido e certo de autoilustração, para todos, sobre os fundamentos da existência jurídica. (Leal, 2016, p. 178).

A partir dessas considerações, defende-se que, no estudo da prova eletrônica, é obrigatório, para a tutela dos direitos fundamentais do contraditório e ampla defesa, a observância do princípio da motivação quanto ao *modo de transmissão da prova eletrônica*, na decisão final e na decisão saneadora do procedimento.

Deve-se ressaltar que a complexidade do procedimento em meio virtual exige maior controle dos atos do processo, pelo que se defende, inclusive, a imprescindibilidade da decisão saneadora nos processos eletrônicos em que é exigida instrução probatória.

Sobre a importância da decisão saneadora, Helena Patrícia de Freitas traz importantes considerações:

> O saneamento e a organização do processo devem ser lidos em uma perspectiva comparticipativa, na medida em que os sujeitos processuais, por meio dos debates endoprocessuais, farão com que seus argumentos repercutam na decisão de saneamento e organização. Ou seja, todas as causas, sejam simples ou de maior complexidade, requerem uma atuação comparticipativa dos sujeitos processuais. A fase de organização e saneamento é fundamental para que haja balizamento preciso que dará ensejo à formulação de decisões em conformidade com o art. 489, §1o, IV, CPC/15, já que se considera fundamentada a decisão que analisar todos os argumentos expostos pelos sujeitos processuais, que reflitam na decisão final adotada pelo julgador. (Freitas, 2019, p. 92).

Assim, diante da vulnerabilidade e insegurança em relação à transição entre o "virtual" e o "real", e em se considerando os constantes avanços tecnológicos, é fundamental a adoção da decisão saneadora nesses procedimentos.

Na referida decisão, segundo o artigo 357 do CPC/15, o juiz deve delimitar as questões de fato sobre as quais recairá a atividade probatória, especificando os meios de prova admitidos; definir a distribuição do ônus da prova; delimitar as questões de direito relevantes para a decisão do mérito; e designar, se necessário, audiência de instrução e julgamento (Brasil, 2015).

A despeito da previsão normativa, defende-se que a decisão saneadora não deverá tratar apenas das previsões do artigo 357, devendo incluir o modo de transmissão da prova eletrônica, uma vez que este é condição para a sua percepção objetiva.

Assim, indicado o sistema ou programa para a transmissão da prova eletrônica, haverá maior probabilidade de redução de erros na identificação da hipótese provável mais resistente, contribuindo para a solução de problemas da gestão da prova, bem como das decisões antidemocráticas.

5.4 A necessária superação de entraves em relação à prova eletrônica no direito processual civil

Sabe-se que toda gestão de dados digitais pelo Estado passa pela ideia de vigilância e segurança. A partir disso, a teorização do processo por meio virtual também precisa passar pela garantia da segurança jurídica e pela compreensão dos procedimentos com base em princípios constitucionais.

Diante disso, não se deve priorizar a celeridade em detrimento das normas fundamentais do direito processual. A preocupação com a celeridade não pode se sobrepor a ideia de efetividade, com visível prejuízo aos direitos fundamentais. Neste sentido, ressalta Aroldo Plínio Gonçalves:

> A preocupação com o rápido andamento do processo, com a superação do estigma da morosidade da Justiça que prejudica o próprio direito de acesso ao Judiciário, porque esse direito é também o direito à resposta do Estado ao jurisdicionado, é compartilhada hoje por toda a doutrina do Direito Processual Civil. As propostas de novas categorias e de novas vias que abreviem o momento da decisão são particularmente voltadas para a economia e a celeridade como predicados essenciais da decisão justa, sobretudo quando a natureza dos interesses em jogo exige que os ritos sejam simplificados. Contudo, a economia e a celeridade não são incompatíveis com as garantias das partes, e a garantia constitucional do contraditório não permite que seja ele violado em nome do rápido andamento do processo. (Gonçalves, 2001, p. 124-125).

Ademais, deve-se destacar que, no contexto da telemática ou da informática, as soluções jurídicas devem considerar que estamos numa era marcada pelo *Big Data*, com algoritmos circulando e apontando modelos de predição e antecipação; com drones monitorando o trânsito e a segurança das cidades; além de *sites* que traçam a genealogia das pessoas (Del Negri, 2018, p. 193).

Assim, é essencial o exame de como deve se dar a tutela dos dados processuais em tempos de *Big Data*, quando uma quantidade infinita de informações, decorrentes da digitalização e disponibilização de dados processuais são ferramenta utilizada para grande parte desses novos sistemas apresentados.

A fim de ressaltar a relevância do tema, cabe advertir que estes dados são, na maioria das vezes, utilizados para Jurimetria e para o uso de algoritmos na tomada de decisões, pelo que o exame da matéria contribui para identificar as possíveis medidas indispensáveis, caso se adote estes recursos a serviço do Direito.

Nessa perspectiva, é também relevante a preocupação sobre a real abertura de dados pelo Judiciário, sem barreiras desnecessárias aos processos e aos conteúdos dos atos jurisdicionais.

Outra questão que precisa ser verificada é a privacidade do cidadão, sobretudo diante das constantes preocupações quanto à sua violação com a evolução da sociedade da informação.

Uma base eletrônica de dados, além de servir para consulta e informação do cidadão, também é utilizada para conferir maior precisão a advogados, partes e ao próprio Judiciário. Afinal, o acesso à justiça começa pela informação e cidadania.

O escopo não é distanciar a justiça de seus tradicionais operadores, mas desmitificar a informação sobre direitos e obrigações, alcançando inclusive pessoas marginalizadas da sociedade.

Ainda sobre as novas relações jurídicas nesta sociedade digital, Celso Antônio Pacheco Fiorillo ressalta que as novas tecnologias da comunicação garantem a base material para integração global, a permitir o intercâmbio de informações entre indivíduos, corporações e instituições.

Contudo, pelas desigualdades e contradições verificadas, a sociedade da informação caracteriza uma nova forma de produção de relações sociais, baseada na flexibilidade e no incentivo à capacidade criacional. "Esse campo de pesquisa possui a mesma complexidade das reflexões ambientais, porque ambos necessitam da compreensão de múltiplas variáveis de tipo econômico, histórico e cultural, para melhor compreender a inter-relação global/local" (Fiorillo, 2015b, p. 123).

Toda essa complexidade precisa ser considerada quando se está a pensar em novas alternativas e teorias para regulamentação das relações. Também é preciso considerar pesquisas sobre as causas da ineficiência da atividade jurisdicional, antes de se investir em novas tecnologias a serviço do Direito.

Pensar num sistema de tutela das relações jurídicas e dos próprios dados processuais não é apenas necessário, mas obrigatório, principalmente diante da crescente dominação das relações (inclusive processuais) pela inteligência artificial.

Noutro giro, para evoluirmos nos temas relativos ao direito probatório, deve-se considerar que a alteração de um sistema escrito para um sistema virtual não pode ser entendido apenas como mera transposição de um meio para outro (do físico para virtual).

Todo o Judiciário e operadores do Direito, além da influência decorrente das mudanças para o Estado Telemático, sofrem a interferência da transposição do modelo convencional de processo, em meio físico para o modelo virtual.

Esta transição decorreu do reconhecimento de se conferir maior celeridade e economia processual, assim como ampliação do acesso à jurisdição. É certo que um dos fatores que contribuíram para a morosidade dos processos é o modelo tradicional de gestão aplicado. Segundo descreve Pierpaolo Cruz Bottini, em "A Reforma do Judiciário: aspectos relevantes", este modelo "padece da falta de modernização, informatização e racionalidade" (Bottini, 2006, p. 221).

Contudo, como já registrado, qualquer novo modelo deve considerar todas as finalidades do Estado Democrático e todas as garantias fundamentais.

O objetivo não deve ser a criação de um novo processo a partir da informática, mas informatização do processo constitucional, como ferramenta para desburocratizar o trâmite processual, mediante a utilização de recursos tecnológicos e de informática.

Tal perspectiva deve abandonar a ideia de criação de um sistema para a mera digitalização dos processos judiciais, que "esconde" o real impacto da desmaterialização do processo.

No tocante ao direito probatório em ambiente virtual, esta obra propõe introduzir uma nova fase para o exame da prova, bem como novos contornos para a (re)estruturação do procedimento probatório.

A produção da prova precisa ser ultimada a partir do *duplo ingresso*, que é a garantia da inserção da prova nas plataformas digitais do Judiciário, ficando esta disponível às partes e ao juiz, e do *modo de transmissão da prova eletrônica*, ou seja, pela indicação do sistema ou programa para a transmissão da prova eletrônica.

O contexto inicial utilizado para tal contribuição teórica partiu da concepção teórica italiana e francesa, que aproxima o conceito de "espaço virtual" à noção de "meio ambiente virtual", por considerar que a referida aproximação significa um avanço importante.

O ambiente virtual, artificial, passa assim a integrar o ramo do direito ambiental e o conceito de meio ambiente, direito fundamental difuso, trazido pelo artigo 225 da Constituição Federal (Brasil, 1988).

Como consequência, o Estado deve tutelá-lo, por se tratar de bem jurídico a exigir proteção especial.

A abordagem do ambiente virtual como direito fundamental, associada ao direito de acesso à jurisdição, permitiu concluir que a prova eletrônica demanda um procedimento científico-democrático estrutural para a transposição da realidade extraprocessual para a realidade processual virtual.

No paradigma constitucional democrático, a prova, como instituto, abandona critérios personalíssimos e sumarísimos para permitir operacionalização dos direitos fundamentais, situando a parte como sujeito processual da procedimentação compartilhada, da qual promana uma decisão que afetará seu universo jurídico.

A estrutura procedimental da prova deve respeitar, ainda, que o objeto da prova são os fatos, pessoas, coisas ou situações (consciência ou presença de ato, fato ou pessoa), que serão representados e demonstrados pelos meios intelectivos autorizados em lei.

Diante dessas considerações, deve-se associar a produção da prova à qualificação jurídica dada pela norma como lícito ou ilícito, analisando tanto a coleta (meio intelectivo legal), como a formalização (instrumento) da prova. Neste ponto, é também essencial um exame dos limites materiais da prova, sobretudo no que toca ao direito à privacidade dos dados pessoais.

Deve-se também ter em mente que todas as fases do procedimento probatório (proposta, admissão, produção, valoração e a valorização) precisam considerar a conjugação das dimensões de tempo, espaço e forma com os princípios da indiciariedade, ideação e formalização.

Contudo, nas últimas fases de exame do direito probatório, valoração e valorização, é preciso compreender a necessidade do *"duplo acesso"* e, na base teórica do instituto da prova, do *"modo de transmissão da prova eletrônica"*, para cumprimento do devido processo legal no exercício da atividade jurisdicional.

Essa nova fase do exame da prova, que se apresenta no presente livro, antecede as fases de valoração e de valorização. Traduz-se na garantia da inserção da prova nas plataformas digitais do Judiciário, ficando esta disponível às partes e ao juiz.

Essa fase precisa ainda ser integralizada pelo *"modo de transmissão da prova eletrônica"*, ou seja, pela indicação de sistema ou programa de transmissão da prova para todos os sujeitos do processo, segundo o princípio da imediação.

O modo de transmissão da prova eletrônica é condição para a sua percepção objetiva e de seus efeitos subjetivos; a prova necessita de digitalização, de transmissão e de registro dos atos processuais, devendo essas ações estarem sintonizadas às estações de transmissão e recepção dos dados dos sistemas disponíveis, para a realização eficiente das fases de valoração e valorização da prova.

Essa (re)estruturação do procedimento relativo à prova, numa perspectiva democrática, considera o ambiente virtual em que o processo se encontra atualmente, além do modo como os atos processuais são transmitidos.

Essa nova realidade reforça a importância do princípio da fundamentação das decisões diante da obrigatoriedade de a decisão jurisdicional trazer, de forma explícita, o modo de transmissão da prova eletrônica, a auxiliar na fiscalização da atividade probatória.

O modo de transmissão da prova, então, é imprescindível nas decisões saneadoras e final, a fim de permitir a adequada tutela dos direitos processuais fundamentais, principalmente do contraditório e ampla defesa.

Assim, indicado o sistema ou programa para a transmissão da prova eletrônica, terão partes e juiz maior probabilidade de redução de erros e de recursos, contribuindo para a solução dos problemas de adequação, confiabilidade, segurança e gestão da prova eletrônica, em prol da celeridade.

O objetivo principal desta obra, então, é evidenciar que é viável o desenvolvimento de um procedimento lógico-científico da prova eletrônica ou digital no modelo constitucional de processo. Para tanto, o que se propõe para os procedimentos jurisdicinais é o *"duplo acesso"*.

Essa nova fase do exame da prova antecede as fases tradicionalmente apontadas pela doutrina de valoração e de valorização, devendo ser integralizada a partir do *"modo de transmissão da prova eletrônica"*.

Não há dúvida de que existem pontos negativos e positivos pela adoção do processo em meio virtual.

Contudo, o espaço virtual não pode limitar o conteúdo da norma, ou mesmo esvaziá-la. Este espaço também não pode, por suas características, formular uma nova teoria processual.

Apesar disso, são exigidos novos contornos teóricos (como ora se sugere no presente livro).

Em arremate, a única certeza possível é a de que é necessário a oferta continuada de pesquisas sobre a temática examinada, sobretudo diante da sua relevância para a aplicação e a efetividade do Direito. Ainda há muito a se fazer.

REFERÊNCIAS

ABBOUD, Georges. *Processo Constitucional Brasileiro*. São Paulo: Revista dos Tribunais, 2017.

ABRÃO, Carlos Henrique. *Processo Eletrônico*: lei de 11.419, de 19 de dezembro de 2006. 2. ed. São Paulo: Revista dos Tribunais, 2009.

ABRÃO, Carlos Henrique. *Processo eletrônico*: processo digital. 3. ed. rev., atual. e ampl. São Paulo: Atlas, 2011.

ALMEIDA FILHO, José Carlos de Araújo; NOBLAT, Francis. Informatização Judicial do Processo: omissão no CPC e alguns problemas que acarretará. *In*: FREIRE, Alexandre *et al.* (org.). *Novas tendências do processo civil*. Estudos sobre o projeto do novo Código de Processo Civil. V. III. Salvador: JusPodivm, 2014. p. 89-102.

ALMEIDA FILHO, José Carlos de Araújo. *Processo Eletrônico e teoria geral do processo eletrônico*: a informatização judicial no Brasil. 5. ed. rev. e atual. Rio de Janeiro: Forense, 2015.

ALVES, Lucélia de Sena. As audiências de instrução e julgamento por videoconferência: uma análise empírica. Revista Eletrônica de Direito Processual – REDP, Rio de Janeiro, ano 16. Janeiro a Abril de 2022, v. 23. n. 1. 2022. p. 835-851 Disponível em: file:///Users/macair/Downloads/humbertodalla,+Luc%C3%A9lia+de+Sena+Alves+-+As+audi%C3%AAncias+de+instru%C3%A7%C3%A3o+e+julgamento+por+videoconfer%C3%AAncia.pdf. Acesso em: 12 ago. 2023.

ANDRADE, Francisco Rabelo Dourado de. A ordinariedade jurídica cognitiva segundo a teoria neoinstitucionalista do processo. *In*: LEAL, André Cordeiro *et al.* (coord.). *Processo como democracia na contemporaneidade*: colóquio em homenagem ao Professor Rosemiro Pereira Leal. Belo Horizonte: D'Plácido, 2019. Cap. 6, p. 133-156.

ARABI, Abhner Youssif Mota; Pedro Felipe de Oliveira SANTOS, . *Cortes digitais*: a experiência do supremo tribunal federal. Ebook Justica Multiportas e Tecnologia. 2021. p. 105-114. Disponível em: https://vlex.com.br/vid/cortes-digitais-experiencia-do-875981270. Acesso em: 20 maio 2023.

ARBIX, Daniel do Amaral. Lei nº 11.419/06. *In*: GIANNICO, Maurício; MONTEIRO, Vitor José de Mello (coord.). *As novas reformas do CPC e de outras normas processuais*. São Paulo: Saraiva, 2009. p. 321 – 331.

ATHENIENSE, Alexandre Rodrigues; MACIEL, Julia D'Agostini Alvares. Registros de acesso e de conexão a aplicações: criação, guarda e fornecimento a terceiros. *In*: PARENTONI, Leonardo (coord.); GONTIJO, Bruno Miranda; LIMA, Henrique Cunha Souza (org.). *Direito, Tecnologia e Inovação*. V. 1. Belo Horizonte: D'Plácido, 2018. Cap. 2.5, p. 279-296.

BARACHO, José Alfredo de Oliveira. *Processo Constitucional*. Rio de Janeiro: Forense, 1984.

BARACHO, José Alfredo de Oliveira. *Processo Constitucional*. Belo Horizonte: Fórum, 2008.

BARACHO, José Alfredo de Oliveira. Processo Constitucional. *Revista Forense*, Rio de Janeiro, v. 337, p. 105-123, jan./mar. 1997.

BARACHO, José Alfredo de Oliveira. *Regimes Políticos*. São Paulo: Resenha Universitária, 1977.

BARROS, Flaviane Magalhães de. Modelo Constitucional de Processo e o Processo Penal: a necessidade de uma interpretação das reformas do processo penal a partir da Constituição. *In*: MACHADO, Felipe Daniel Amorim; OLIVEIRA, Marcelo Andrade Cattoni de (coord.). *Constituição e processo*: a contribuição do processo ao constitucionalismo democrático brasileiro. Belo Horizonte: Del Rey, 2009. Cap. 2, p. 331-348.

BAUMAN, Zygmunt. Privacidade, sigilo, intimidade, vínculos humanos – e outras baixas colaterais da modernidade líquida. *In*: BAUMAN, Zygmunt. *Danos colaterais*: desigualdades sociais numa era global. Tradução de Carlos Alberto Medeiros. Rio de Janeiro: Zahar, 2013. Cap. 6, p. 107-120.

BECKER, Daniel. O acesso à informação jurídica on-line como medida de gatantia ao direito de acesso à justiça. *In*: MALDONADO, Viviane Nóbrega; FEIGELSON, Bruno. *Advocacia 4.0*. São Paulo: Thomson Reuters, 2019. p. 91-102.

BEDAQUE, José Roberto dos Santos. *Poderes instrutórios do juiz*. 5. ed. São Paulo: Revista dos Tribunais, 2011.

BERMUDES, Sergio. *Introdução ao processo civil*. 4. ed. Rio de Janeiro: Forense, 2006.

BORGES, Fernanda Gomes e Souza. *A prova no processo civil democrático*. Curitiba: Juruá, 2013.

BOSON GAMBOGI, Flávio; CARVALHO, Henrique de Almeida. *Acesso de terceiros e validação da citação no processo judicial eletrônico trabalhista*. 27 Mai. 2021. Disponível em: https://www.conjur.com.br/2021-mai-27/opiniao-acesso-terceiros-citacao-processo-trabalhista/. Acesso em: 21 dez. 2023.

BOTTINI, Pierpaolo Cruz. A reforma do Judiciário: aspectos relevantes. *In*: SLAKMON, Catherine; MACHADO, Maíra Rocha; BOTTINI, Pierpaolo Cruz (org.). *Novas direções na governança da Justiça e da Segurança*. Brasília: Ministério da Justiça, 2006. p. 217-227.

BRANDÃO, Cláudio. Processo judicial eletrônico: uma silenciosa revolução na Justiça do Trabalho. *Processo Eletrônico*, p. 9-28, jan./fev. 2013.Disponível em: https://juslaboris.tst.jus.br/bitstream/handle/20.500.12178/97221/2013_brandao_claudio_processo_judicial.pdf?sequence=1. Acesso em: 24 abr. 2019.

BRANT, Cássio Augusto Barros. *Marco Civil da Internet*: comentários sobre a Lei 12.965/2014. Belo Horizonte: D'Plácido, 2014.

REFERÊNCIAS

BRASIL. Conselho Nacional de Justiça. Resolução nº 185, 18 de dezembro de 2013. Institui o Sistema Processo Judicial Eletrônico – PJe como sistema de processamento de informações e prática de atos processuais e estabelece os parâmetros para sua implementação e funcionamento. *Diário de Justiça Eletrônico*, Brasília, n° 241, 18 Dez. 2013, p. 2. Disponível em: http://www.cnj.jus.br/busca-atos-adm?documento=2492. Acesso em: 17 jul. 2019.

BRASIL. Conselho Nacional de Justiça. Processo Judicial Eletrônico (PJe)»Histórico. Disponível em: https://www.cnj.jus.br/programas-e-acoes/processo-judicial-eletronico-pje/historico/. Acesso em: 7 maio 2024.

BRASIL. Conselho Nacional de Justiça. Resolução nº 121, 05 de outubro de 2010. Dispõe sobre a divulgação de dados processuais eletrônicos na rede mundial de computadores, expedição de certidões judiciais e dá outras providências. *Diário de Justiça Eletrônico*, Brasília, nº 187/2010, de 11/10/2010, p. 4-6. Disponível em: https://atos.cnj.jus.br/atos/detalhar/atos-normativos?documento=92. Acesso em: 7 jul. 2023.

BRASIL. Conselho Nacional de Justiça. Resolução nº 314, de 20 de abril de 2020. Prorroga, no âmbito do Poder Judiciário, em parte, o regime instituído pela Resolução nº 313, de 19 de março de 2020, modifica as regras de suspensão de prazos processuais e dá outras providências.. *Diário de Justiça Eletrônico*, Brasília, n° nº 106/2020, de 20/04/2020, p. 3-4. Disponível em: https://atos.cnj.jus.br/atos/detalhar/3283. Acesso em: 7 maio 2024.

BRASIL. Conselho Nacional de Justiça. Resolução nº 322, 01 de junho de 2020. Estabelece, no âmbito do Poder Judiciário, medidas para retomada dos serviços presenciais, observadas as ações necessárias para prevenção de contágio pelo novo Coronavírus – Covid-19, e dá outras providências. *Diário de Justiça Eletrônico*, Brasília, n° 166/2020, 02 Jun. 2020, p. 2-4. Disponível em: https://atos.cnj.jus.br/atos/detalhar/3333. Acesso em: 7 maio 2024.

BRASIL. Conselho Nacional de Justiça. Resolução nº 363, 12 de janeiro de 2021. Estabelece medidas para o processo de adequação à Lei Geral de Proteção de Dados Pessoais a serem adotadas pelos tribunais. *Diário de Justiça Eletrônico*, Brasília, n° 11, 18 Jan. 2021, p. 2. Disponível em: http:// https://atos.cnj.jus.br/atos/detalhar/3668. Acesso em: 7 jul. 2023.

BRASIL. Conselho Nacional de Justiça. Resolução nº 408, de 18 de agosto de 2021. Dispõe sobre o recebimento, o armazenamento e o acesso a documentos digitais relativos a autos de processos administrativos e judiciais. *Diário de Justiça Eletrônico*, Brasília, n° 210, de 20 de agosto de 2021, p. 3-5. Disponível em: https://atos.cnj.jus.br/atos/detalhar/4065. Acesso em: 7 maio 2024.

BRASIL. Conselho Nacional de Justiça. Resolução nº 420, de 29/09/2021. Dispõe sobre a adoção do processo eletrônico e o planejamento nacional da conversão e digitalização do acervo processual físico remanescente dos órgãos do Poder Judiciário. *Diário de Justiça Eletrônico*, Brasília, n° 254/2021, de 29 de setembro de 2021, p. 2-4. Disponível em: https://atos.cnj.jus.br/atos/detalhar/4133. Acesso em: 7 maio 2024.

BRASIL. Conselho Nacional de Justiça. Resolução nº 455, de 27 de abril de 2022. nstitui o Portal de Serviços do Poder Judiciário (PSPJ), na Plataforma Digital do Poder Judiciário (PDPJ-Br), para usuários externos. *Diário de Justiça Eletrônico*, Brasília, nº 101/2022, de 2 de maio de 2022, p. 2-5. Disponível em: https://atos.cnj.jus.br/atos/detalhar/4509. Acesso em: 7 mai. 2024.

BRASIL. Conselho Nacional de Justiça. *Programa Justiça 4.0 divulga resultados de pesquisa sobre IA no Judiciário brasileiro*, de 28 de maio de 2024. Disponível em: https://www.cnj.jus.br/programa-justica-4-0-divulga-resultados-de-pesquisa-sobre-ia-no-judiciario-brasileiro/. Acesso em: 7 mai. 2024.

BRASIL. Constituição (1988). Constituição da República Federativa do Brasil. *Diário Oficial da União*, Brasília, 5 out. 1988. Disponível em: http://www.planalto.gov.br/ccivil_03/constituicao/constituicao.htm. Acesso em: 17 maio 2022.

BRASIL. Decreto-lei nº 2.848, de 07 de dezembro de 1940. Código Penal. *Diário Oficial da União*, Brasília, 31 dez. 1940. Disponível em: http://www.planalto.gov.br/ccivil_03/decreto-lei/del2848compilado.htm. Acesso em: 22 jan. 2023.

BRASIL. Decreto-lei nº 3.689, de 03 de outubro de 1941. Código de Processo Penal. *Diário Oficial da União*, Brasília, 13 out. 1941. Disponível em: https://www2.camara.leg.br/legin/fed/declei/1940-1949/decreto-lei-3689-3-outubro-1941-322206-exposicaodemotivos-149193-pe.html. Acesso em: 22 jan. 2022.

BRASIL. Emenda Constitucional nº 45, de 30 de dezembro de 2004. *Diário Oficial da União*, Brasília, 31 Dez. 2004. Disponível em: http://www.planalto.gov.br/ccivil_03/constituicao/emendas/emc/emc45.htm. Acesso em: 17 maio 2023.

BRASIL. Lei nº 12.965, de 23 de abril de 2014. Estabelece princípios, garantias, direitos e deveres para o uso da Internet no Brasil. *Diário Oficial da União*, Brasília, 24 abr. 2014. Disponível em: http://www.planalto.gov.br/ccivil_03/_ato2011-2014/2014/lei/l12965.htm. Acesso em: 17 jul. 2023.

BRASIL. Lei nº 13.709, de 14 de agosto de 2018. Lei Geral de Proteção de Dados Pessoais. *Diário Oficial da União*, Brasília, 15 ago. 2018a. Disponível em: http://www.planalto.gov.br/ccivil_03/_ato2015-2018/2018/lei/L13709.htm. Acesso em: 17 jul. 2023.

BRASIL. Lei nº 13.874, de 20 de setembro de 2019. Institui a Declaração de Direitos de Liberdade Econômica; estabelece garantias de livre mercado; altera as Leis nos 10.406, de 10 de janeiro de 2002 (Código Civil), 6.404, de 15 de dezembro de 1976, 11.598, de 3 de dezembro de 2007, 12.682, de 9 de julho de 2012, 6.015, de 31 de dezembro de 1973, 10.522, de 19 de julho de 2002, 8.934, de 18 de novembro 1994, o Decreto-Lei nº 9.760, de 5 de setembro de 1946 e a Consolidação das Leis do Trabalho, aprovada pelo Decreto-Lei nº 5.452, de 1º de maio de 1943; revoga a Lei Delegada nº 4, de 26 de setembro de 1962, a Lei nº 11.887, de 24 de dezembro de 2008, e dispositivos do Decreto-Lei nº 73, de 21 de novembro de 1966; e dá outras providências. Diário Oficial da União, Brasília, 20 Set. 2019. Disponível em: https://www.planalto.gov.br/ccivil_03/_ato2019-2022/2019/lei/l13874.htm. Acesso em: 17 jul. 2023.

BRASIL. Decreto-Lei 10.278, de 18 de março de 2020. Regulamenta o disposto no inciso X do caput do art. 3º da Lei nº 13.874, de 20 de setembro de 2019, e no art. 2º-A da Lei nº 12.682, de 9 de julho de 2012, para estabelecer a técnica e os requisitos para a digitalização de documentos públicos ou privados, a fim de que os documentos digitalizados produzam os mesmos efeitos legais dos documentos originais. Diário Oficial da União, Brasília, 15 Mar. 2020. Disponível em: https://www.planalto.gov.br/ccivil_03/_ato2019-2022/2020/decreto/d10278.htm. Acesso em: 17 jul. 2023.

REFERÊNCIAS

BRASIL. Lei nº 12.682, de 09 de julho de 2022. Dispõe sobre a elaboração e o arquivamento de documentos em meios eletromagnéticos. Diário Oficial da União, Brasília, 09 Jul. 2022. Disponível em: https://www.planalto.gov.br/ccivil_03/_ato2011-2014/2012/lei/l12682.htm. Acesso em: 17 jul. 2023.

BRASIL. Lei nº 11.419, de 19 de dezembro de 2006. Dispõe sobre a informatização do processo judicial; altera a Lei nº 5.869, de 11 de janeiro de 1973 – Código de Processo Civil; e dá outras providências. *Diário Oficial da União*, Brasília, 20 Dez. 2006a. Disponível em: http://www.planalto.gov.br/ccivil_03/_ato2004-2006/2006/lei/l11419.htm. Acesso em: 17 jul. 2023.

BRASIL. Lei nº 11.280, de 16 de fevereiro de 2006. Altera os arts. 112, 114, 154, 219, 253, 305, 322, 338, 489 e 555 da Lei nº 5.869, de 11 de janeiro de 1973 – Código de Processo Civil, relativos à incompetência relativa, meios eletrônicos, prescrição, distribuição por dependência, exceção de incompetência, revelia, carta precatória e rogatória, ação rescisória e vista dos autos; e revoga o art. 194 da Lei nº 10.406, de 10 de janeiro de 2002 – Código Civil. *Diário Oficial da União*, Brasília, 17 Fev. 2006b. Disponível em: http://www.planalto.gov.br/ccivil_03/_ato2004-2006/2006/lei/l11280.htm. Acesso em: 17 jul. 2022.

BRASIL. Lei nº 10.406, de 10 de janeiro de 2002. Código Civil. *Diário Oficial da União*, Brasília, 11 jan. 2002. Disponível em: http://www.planalto.gov.br/ccivil_03/leis/2002/l10406.htm. Acesso em: 17 jul. 2023.

BRASIL. Lei nº 5.869, de 11 de janeiro de 1973. Código de Processo Civil. *Diário Oficial da União*, Brasília, 17 jan. 1973. Disponível em: http://www.planalto.gov.br/ccivil_03/LEIS/L5869.htm. Acesso em: 17 jul. 2022.

BRASIL. Lei nº 10.259, de 12 de julho de 2001. Dispõe sobre a instituição dos Juizados Especiais Cíveis e Criminais no âmbito da Justiça Federal. *Diário Oficial da União*, Brasília, 13 jul. 2001a. Disponível em: http://www.planalto.gov.br/ccivil_03/leis/LEIS_2001/L10259.htm. Acesso em: 17 jul. 2022.

BRASIL. Lei nº 9.800, de 26 de maio de 1999. Permite às partes a utilização de sistema de transmissão de dados para a prática de atos processuais. *Diário Oficial da União*, Brasília, 27 maio 1999. Disponível em: http://www.planalto.gov.br/ccivil_03/leis/l9800.htm. Acesso em: 17 jul. 2023.

BRASIL. Lei nº 13.105, de 16 de março de 2015. Código de Processo Civil. *Diário Oficial da União*, Brasília, 17 mar. 2015. Disponível em: http://www.planalto.gov.br/ccivil_03/_Ato2015-2018/2015/Lei/L13105.htm. Acesso em: 17 jul. 2023.

BRASIL. Lei nº 8.245, de 18 de outubro de 1991. Dispõe sobre as locações dos imóveis urbanos e os procedimentos a elas pertinentes. *Diário Oficial da União*, Brasília, 21 Out. 1991. Disponível em: http://www.planalto.gov.br/ccivil_03/leis/L8245.htm. Acesso em: 17 jul. 2022.

BRASIL. Lei nº 9.099, de 26 de setembro de 1995. Dispõe sobre os Juizados Especiais Cíveis e Criminais e dá outras providências. *Diário Oficial da União*, Brasília, 27 Set. 1995. Disponível em: http://www.planalto.gov.br/ccivil/LEIS/L9099.htm. Acesso em: 17 jul. 2021.

BRASIL. Medida Provisória nº 2.200-2, de 24 de agosto de 2001. Institui a Infra-Estrutura de Chaves Públicas Brasileira – ICP-Brasil, transforma o Instituto Nacional de Tecnologia da Informação em autarquia, e dá outras providências. Diário Oficial da União, Brasília, 27 ago. 2001b. Disponível em: planalto.gov.br/ccivil_03/mpv/antigas_2001/2200-2.htm. Acesso em: 17 jul. 2023.

BRASIL. Supremo Tribunal Federal. Habeas Corpus 103.412/SP. Relatora: Rosa Weber Primeira Turma. *Diário de Justiça Eletrônico*, Brasília, 23 Ago. 2012. Disponível em: http://redir.stf.jus.br/paginadorpub/paginador.jsp?docTP=TP&docID=2612894. Acesso em: 17 jul. 2023.

BRASIL. Supremo Tribunal Federal. França: Mme Monanges v. Kern (Décision 89-12580) – julgado em 20 Jun. 1990. *Boletim de jurisprudência internacional*: direito ao esquecimento, Brasília, 5. ed., dez. 2018b. Disponível em: http://www.stf.jus.br/arquivo/cms/jurisprudenciaBoletim/anexo/BJI5DIREITOAOESQUECIMENTO.pdf. Acesso em: 28 jan. 2019.

BRASIL. Tribunal Regional do Trabalho (3ª Região). Resolução Conjunta nº 74, 05 de junho 2017. *Diário Eletrônico da Justiça do Trabalho*, Brasília, DF, n. 2345, 31 out. 2017. Caderno Judiciário, p. 2-3. Disponivel em: http://as1.trt3.jus.br/bd-trt3/handle/11103/27783. Acesso em: 21 jul. 2019.

BRASIL. Tribunal Superior do Trabalho. Recurso de Revista 826-77.2012.5.03.0137. Relatora: Dora Maria da Costa – Oitava Turma. *Diário de Justiça Eletrônica*, Brasília, 09 Ago. 2019. Disponivel em: http://aplicacao4.tst.jus.br/consultaProcessual/consultaTstNumUnica.do?consulta=Consultar&conscsjt=&numeroTst=826&digitoTst=77&anoTst=2012&orgaoTst=5&tribunalTst=03&varaTst=0137&submit=Consultar . Acesso em: 21 ago. 2019.

BÜLOW, Oskar Von. *La teoria de las excepciones procesales y los presupuestos procesales*. Traducción de Miguel Angel Rosas Lichtschein. Buenos Aires: EJEA, 1964.

CAETANO, Marcello. *Manual de Ciência Política e Direito Constitucional*. V. I. 6. ed. Coimbra: Almedina, 1996.

CÂMARA, Alexandre Freitas. *O novo processo civil brasileiro*. São Paulo: Atlas, 2017.

CAMPOS, Alissa Cristina. Circulação do crédito, inovações tecnológicas e títulos de crédito eletrônicos. In: PARENTONI, Leonardo (coord.); GONTIJO, Bruno Miranda; LIMA, Henrique Cunha Souza (org.). *Direito, Tecnologia e Inovação*. V. 1. Belo Horizonte: D'Plácido, 2018. Cap. 3.3, p. 417-448.

CANOTILHO, José Joaquim Gomes. *Direito Constitucional e Teoria da Constituição*. 3. ed. Coimbra: Almedina, 1999.

CANOTILHO, José Joaquim Gomes. *Direito Constitucional e teoria da constituição*. 4. ed. Coimbra, Almedina, 2000.

CAPPELLETTI, Mauro; GARTH, Bryant. *Acesso à justiça*. Tradução e revisão de Ellen Gracie Northfleet. Porto Alegre: Sergio Antônio Fabris, 1988.

CAPPELLETTI, Mauro. *O processo civil no direito comparado*. Belo Horizonte: Mandamentos, 2001.

CARNELUTTI, Francesco. *La prueba civil*. Tradução de la 2. ed. Italiana [Roma, 1947] de Niceto Alcalá-Zamora y Castillo. Buenos Aires: Depalma, 1982.

CARNELUTTI, Francesco. *Teoria Geral do Direito*. Tradução de A. Rodrigues Queiró e Artur Anselmo de Castro. São Paulo: Acadêmica Saraiva, 1942.

CARREIRA ALVIM, José Eduardo. *Teoria geral do processo*. 10. ed. Rio de Janeiro: Forense, 2005.

CARVALHO, Kildare Gonçalves. Processo Constitucional. *Revista do Instituto dos Advogados de Minas Gerais*, Belo Horizonte, v. 11, p. 15-43, 2005.

CARVALHO, Paulo Roberto de Lima. *A prova cibernética no Processo*. Curitiba: Juruá, 2009.

CARVALHO, Ricardo Motta Vaz de. O impacto do processo judicial eletrônico no direito contemporâneo. *In*: Encontro Nacional do CONPEDI, 19., 2010, Fortaleza. *Anais...* Florianópolis: Fundação Boiteux, 2010, p. 4121-4133. Disponível em: http://www.publicadireito.com.br/conpedi/manaus/arquivos/anais/fortaleza/4128.pdf. Acesso em: 27 jan. 2019.

CASTELLS, Manuel. *A galáxia da Internet*: reflexões sobre a Internet, os negócios e a sociedade. Rio de Janeiro: Jorge Zahar Editor, 2003.

CASTELLS, Manuel. *A sociedade em rede*. São Paulo: Paz e Terra, 2010.

CASTILLO, Niceto Alcalá-Zamora y. Evolución de la doctrina procesal. *In*: CASTILLO, Niceto Alcalá-Zamora y. *Estudios de teoría general e historia del proceso (1945-1972)*. T. II: números 12-30. México: Universidad Nacional Autónoma de México, 1992. Cap. III, 22, p. 293-325.

CHAVES JÚNIOR, José Eduardo de Resende. *Elementos para uma teoria do processo em meio reticular – eletrônico*. 17 out. 2016. Disponível em: https://emporiododireito.com.br/leitura/elementos-para-uma-teoria-do-processo-em-meio-reticular-eletronico. Acesso em: 19 mar. 2019

CHAVES JUNIOR, José Eduardo de Resende. O processo em rede. *In*: CHAVES JUNIOR, José Eduardo de Resende (coord.). *Comentários à Lei do Processo Eletrônico*. São Paulo: LTr, 2010.

CHIOVENDA, Giuseppe. *Instituições de direito processual civil*. V. III. 3. ed. Tradução de Paolo Capitanio. Campinas: Bookseller, 2002.

CINTRA, Antonio Carlos de Araújo; DINAMARCO, Cândido Rangel; GRINOVER, Ada Pellegrini. *Teoria geral do processo*. 20. ed. São Paulo: Malheiros, 2004.

CLEMENTINO, E. B. *Processo judicial eletrônico*. Curitiba: Juruá, 2007.

COMISSÃO de Juristas instituída pelo Ato do Presidente do Senado Federal no 379, de 2009, destinada a elaborar Anteprojeto de Novo Código de Processo Civil. *Anteprojeto do novo Código de Processo Civil*. Brasília: Senado Federal, 2010. Disponível em: https://www2.senado.leg.br/bdsf/bitstream/handle/id/496296/000895477.pdf?sequence=1&isAllowed=y. Acesso em: 20 abr. 2019.

COUTURE, Eduardo José. *Fundamentos do Direito Processual Civil*. Campinas: Red Livros, 1999.

COUTURE, Eduardo José. *Fundamentos do direito processual civil*. Tradução de Rubens Gomes de Souza. São Paulo: Saraiva, 1946.

COUTURE, Eduardo José. *Introdução ao estudo do processo civil*: discursos, ensaios e conferências. 3. ed. Belo Horizonte: Líder, 2003.

DANTAS, Adriano Mesquita. Evolução Do Processo Brasileiro: História e Perspectiva do Processo Judicial Eletrônico. *Revista do Tribunal Regional do Trabalho da 18ª Região*, Goiânia, v. I, p. 177-192, 1998.

DELLEPIANE, Antonio. *Nova teoria da prova*. Tradução de Enrico Maciel. Campinas: Minelli, 2004.

DEL NEGRI, André. *O avesso do Estado*. Belo Horizonte: D'Plácido, 2018.

DIAS, Ronaldo Brêtas de Carvalho. Aspectos técnicos e teóricos da prova do novo Código de Processo Civil. *In*: CARVALHO DIAS, Ronaldo Brêtas de. et al (org.). *Direito Probatório*: temas atuais. Belo Horizonte: D'Plácido, 2016. Cap. 4, p. 99-122.

DIAS, Ronaldo Brêtas de Carvalho. Noções de teoria e técnica do procedimento da prova. *In*: BRÊTAS, Ronaldo Carvalho Dias; SOARES, Carlos Henrique. *Técnica processual*. Belo Horizonte: Del Rey, 2015a. p. 183-205.

DIAS, Ronaldo Brêtas de Carvalho. *Processo constitucional e Estado Democrático de Direito*. 3. ed. Belo Horizonte: Del Rey, 2015b.

DIDIER JÚNIOR, Fredie. *Curso de Direito Processual Civil*. 17. ed. Salvador: JusPodivm, 2015.

DIDIER JÚNIOR, Fredie. *Curso de Direito Processual Civil*. 19. ed. Salvador: JusPodivm, 2017.

DIDIER JUNIOR, Fredie; BRAGA, Paula Sarno; OLIVEIRA, Rafael Alexandria de. *Curso de direito processual civil – v. 2: teoria da prova, direito probatório, decisão, precedente, coisa julgada e tutela provisória*. ed. Salvador: JusPodivm, 2024.

DINAMARCO, Candido Rangel. *A instrumentalidade do processo*. 15. ed. São Paulo: Malheiros, 2013.

DINIZ, Davi Monteiro. *Documentos eletrônicos, assinaturas digitais*: da qualificação jurídica dos arquivos digitais como documentos. São Paulo: LTr, 1999.

DOMINGOS, Fernanda Teixeira Souza. A obtenção da provas digitais na investigação dos delitos de violência e exploração sexual infantil online. *In*: SILVA, Ângelo Roberto Ilha da. *Crimes cibernéticos*: racismo, cyberbullying, deep web, pedofilia e pornografia infantojuvenil, infiltração de agentes por meio virtual, obtenção de provas digitais, nova lei antiterrorismo, outros temas. 2. ed. de acordo com a Lei nº 13.441/17 (Lei de Infiltração virtual) e a Lei nº 13.260/16 (Lei Antiterrorismo). Porto Alegre: Livraria do Advogado, 2018. Cap. 10, p. 235-254.

DOMINGOS, Pedro. *The master algorithm*: how the quest for the ultimate machine learning will remake our world. Nova York: Basic Books, 2015.

ESTAVILLO, Juan José Ríos. *Derecho e informática en méxico*: informática jurídica y derecho de la informática. Ciudad de México: Universidad Autonoma de México, 1997.

FALEIROS, José Luiz de Moura Faleiros Júnior. *Responsabilidade por falhas de algoritmos de inteligência artificial: ainda distantes da singularidade tecnológica, precisamos de marcos regulatórios para o tema?*. Revista de Direito da Responsabilidade, Ano 4, Oct 11, 2022, p. 906-933.

FENOLL, Jordi Nieva. *Inteligencia artificial y proceso judicial*. Madrid: Marcial Pons, 2018.

FERNANDES, Bernardo Gonçalves; MEIRA, Renan Sales de. Os poderes dos magistrados devem continuar a ser ampliados? Críticas ao Projeto do Novo Código de Processo Civil à luz de um modelo constitucionalmente (discursivo-democrático) adequado de processo. *In*: FREIRE, Alexandre *et al.* (org.). *Novas tendências do processo civil*. Estudos sobre o projeto do novo Código de Processo Civil. V. II. Salvador: JusPodivm, 2014, p. 195-210.

FERRAZ JÚNIOR, Tércio Sampaio. *Introdução ao estudo do direito*: técnica, decisão, dominação. 3. ed. São Paulo: Atlas, 2001.

FERRAZ JÚNIOR, Tércio Sampaio. *Introdução ao estudo do direito*: técnica, decisão, dominação. São Paulo: Atlas, 1993.

FGV. *Projeto mapeia sistemas de inteligência artificial utilizados pelo Judiciário Brasileiro*. Site FGV. São Paulo. 20 set. 2023. Disponível em: https://rededepesquisa.fgv.br/noticia/projeto-mapeia-sistemas-de-inteligencia-artificial-utilizados-pelo-judiciario-brasileiro. Acesso em: 20 maio 2024.

FIORILLO, Celso Antonio. *O marco civil da Internet e o meio ambiente digital na sociedade da informação*. São Paulo: Saraiva, 2015a.

FIORILLO, Celso Antonio. *Princípios Constitucionais do Direito da Sociedade da Informação*: a tutela jurídica do meio ambiente digital. São Paulo: Saraiva, 2015b.

FOUCAULT, Michel. *A microfísica do poder*. 26. ed. São Paulo: Graal, 2013.

FRANCO, Marcelo Veiga. MARCELO VEIGA FRANCO. *Administração Pública como litigante habitual: a necessária mudança da cultura jurídica de tratamento dos conflitos*. 2018. Tese (Doutorado) – Universidade Federal de Minas Gerais, Programa de Pós-Graduação em Direito, 2018. Disponível em: https://repositorio.ufmg.br/bitstream/1843/BUOS-B9HHYR/1/tese___marcelo_veiga_franco1.pdf.Acesso em: 20 maio 2024.

FREITAS, Gabriela Oliveira; GUIMARÃES, Marcionília Coelho. *In*: CARVALHO DIAS, Ronaldo Brêtas *et al* (org.). *Direito Probatório*: temas atuais. Belo Horizonte: D'Plácido, 2016. Cap. 8, p. 187-214.

FREITAS, Helena Patrícia. *Eficiência da jurisdição*: necessidade de sua (des)construção para efetivação do modelo constitucional de processo. Belo Horizonte: D'Plácido, 2019.

FREITAS, Pedro Augusto Silveira. *Tutela Jurisdicional Mediante Precedente Judicial*: a adequada proteção do ordenamento jurídico no modelo do justo processo. 2020. Dissertação (Mestrado) – Universidade Federal de Minas Gerais, Programa de Pós-Graduação em Direito, Belo Horizonte, 2020. Disponível em: file:///Users/macair/Downloads/FREITAS,%20 Pedro.%20Relat%C3%B3rio%20disserta%C3%A7%C3%A3o.%20Resposit%C3%B3rio%20 UFMG%20(2).pdf. Acesso em: 20 maio 2023.

GADAMER, Hans-Georg. *Verdade e método I*. 15. ed. Petrópolis: Vozes e Universitária São Francisco, 2015.

GARCIA, Sérgio Renato Tejada. *Maior beneficiado do processo eletrônico é o cidadão*. 16 Jan. 2011. Disponível em: https://www.conjur.com.br/2011-jan-16/segunda-leitura-maior-beneficiado-processo-eletronico-cidadao. Acesso em: 24 dez. 2018.

GAZDA, Emmerson. Reflexões sobre o Processo Eletrônico. *Revista de Doutrina da 4ª Região* – Escola da Magistratura do TRF da 4ª Região, Porto Alegre, n. 33, dez. 2009. Disponível em: www.revistadoutrina.trf4.jus.br/index.htm?http://www.revistadoutrina.trf4.jus.br/artigos/edicao033/emmerson_gazda.html. Acesso em: 28 jan. 2019.

GILISSEN, John. *Introdução histórica ao direito*. 2. ed. Lisboa: Fundação Calouste Gulbenkian, 1995.

GOLDSCHMIDT, James. *Derecho, derecho penal y proceso*. Tradução de Miguel Ángel Cano Panõs. et al. V. I: problemas fundamentales del processo. Madrid: Marcial Pons, 2010.

GOLDSCHMIDT, James. *Teoria general del proceso*. Barcelona: Labor, 1936.

GOMES, Décio Alonso. *Prova e Imediação no Processo Penal*. Salvador: JusPodivm, 2016.

GONÇALVES, Aroldo Plínio. *Técnica processual e teoria do processo*. 2. ed. Belo Horizonte: Del Rey, 2012.

GONÇALVES, Aroldo Plínio. *Técnica Processual e Teoria do Processo*. Rio de Janeiro: Aide, 2001.

GONÇALVES. Glaucio Maciel. Direito e Tempo. *In:* JAYME, Fernando Gonzaga; FARIA, Juliana Cordeiro de; LAUAR, Maria Terra (coord.). *Processo Civil*: novas tendências: homenagem ao Ministro Sálvio de Figueiredo Teixeira. Belo Horizonte: Del Rey, 2011. p. 288.

GONÇALVES, Victor Hugo Pereira. Cadeia de Custódia e o novo CPC: um esquecimento danoso ao devido processo legal. *In:* PARENTONI, Leonardo (coord.); GONTIJO, Bruno Miranda; LIMA, Henrique Cunha Souza (org.). *Direito, Tecnologia e Inovação*. V. 1. Belo Horizonte: D'Plácido, 2018. Cap. 5.6, p. 971-988.

GRECO, Leonardo. O processo eletrônico. *In:* SILVA JÚNIOR, Roberto Roland Rodrigues da (coord.). *Internet e Direito*: reflexões doutrinárias. Rio de Janeiro: Lumens Juris, 2001, p. 11-31.

GRESTA, Roberta Maia. Presunção e prova no espaço processual: uma reflexão epistemológica. *In:* CARVALHO DIAS, Ronaldo Brêtas de. et al (org.). *Direito Probatório*: temas atuais. Belo Horizonte: D'Plácido, 2016. Cap. 11, p. 263-298.

HARARI, Yuval Noah. *Homo Deus*: Uma breve história do amanhã. São Paulo: Companhia das Letras, 2016.

HARARI, Yuval Noah. *21 lições para o século XXI*. São Paulo: Companhia das Letras, 2018.

IDIE, Renata Yumi; BUENO, Samara Schuch. *O que é necessário para identificar o autor de um ilícito na Internet?* 30 Nov. 2015. Disponível em: https://www.jota.info/opiniao-e-analise/colunas/direito-digital/direito-digital-o-que-e-necessario-para-identificar-o-autor-de-um-ilicito-na-internet-30112015#_ftn3. Acesso em: 21 out. 2019.

KRAMMES, Alexandre Golin. 2010. *Workflow em processos judiciais eletrônicos*. São Paulo: LTr, 2010.

LACERDA, Galeno. *Teoria geral do processo*. Rio de Janeiro: Forense, 2008.

LANGNER, Ariane. *Os desafios do uso das tecnologias de informação e comunicação no processo judicial*: as respostas do constitucionalismo contemporâneo diante do processo eletrônico. 2016. 169 f. Dissertação (Mestrado) – Universidade Federal de Santa Maria, Programa de Pós-Graduação em Direito, Santa Maria, 2016. Disponível em: https://repositorio.ufsm.br/bitstream/handle/1/6400/LANGNER%2C%20ARIANE.pdf?sequence=1&isAllowed=y. Acesso em: 14 jan. 2019.

LANGNER, Ariane. *Processo judicial eletrônico*: A Tecnologia da Informação e Comunicação diante do Constitucionalismo Contemporâneo. Curitiba: Juruá, 2017.

LEAL, André Cordeiro. A inconstitucional ancianidade do (ante)projeto do novo código de processo civil brasileiro. In: MURTA, A. C. D.; LEAL, André Cordeiro. *A tensão entre o público e o privado* – ensaios sobre os paradoxos do projeto democrático constitucional brasileiro. Belo Horizonte: Arraes, 2012, p. 97-112.

LEAL, André Cordeiro. *Instrumentalidade do processo em crise*. Belo Horizonte: Mandamentos, 2008.

LEAL, André Cordeiro. *O contraditório e a fundamentação das decisões no direito processual democrático*. Belo Horizonte: Mandamentos, 2002.

LEAL, André Cordeiro; THIBAU, Vinícius Lott. Prova e jurisdicionalismo no novo CPC brasileiro. *Meritum: Revista de Direito da Universidade FUMEC*, Belo Horizonte, v. 12, n. 2, p. 36-52, jul./dez. 2017.

LEAL, Rosemiro Pereira. A prova na teoria do processo contemporâneo. In: FIUZA, César Augusto de Castro; SÁ, Maria de Fátima Freire de; BRÊTAS, Ronaldo Carvalho Dias (coord.). *Temas atuais de direito processual civil*. Belo Horizonte: Del Rey, 2001, p. 347-357.

LEAL, Rosemiro Pereira. *A teoria neoinstitucionalista do processo*: uma trajetória conjectural. Belo Horizonte: Arraes, 2013.

LEAL, Rosemiro Pereira. Ausência de Processualidade Jurídica como morte pelo Direito. *Revista da Faculdade de Direito da Universidade Federal de Minas Gerais*, Belo Horizonte, n. 45, v. 7, p. 401-410, 2004. Disponível em: https://www.direito.ufmg.br/revista/index.php/revista/article/view/1301/1233. Acesso em: 28 ago. 2019.

LEAL, Rosemiro Pereira. Apresentação. *In:* SILVA, Cristian Kiefer da; BIZZOTO, Daniel Augusto Arouca (org.). *Estudos contemporâneos de Direito.* Belo Horizonte: RTM, 2018, p. 5-26.

LEAL, Rosemiro Pereira. Processo civil e sociedade civil. *Virtuajus* – Revista Eletrônica da Faculdade Mineira de Direito da PUC Minas, Belo Horizonte, ano 4, n. 2, dezembro de 2005, v. 4, n. 2, dez. 2005. Disponível em: http://www.fmd.pucminas.br/Virtuajus/2_2005/ Docentes/PDF /processo%20civil%20e%20sociedade%20civil.pdf. Acesso em: 12 ago. 2019.

LEAL, Rosemiro Pereira. *Processo como teoria da lei democrática.* 2. ed. Belo Horizonte: Fórum, 2017.

LEAL, Rosemiro Pereira. *Teoria Geral do Processo: Primeiros Estudos.* 13. ed. rev., atual e aum. Belo Horizonte: Fórum, 2016.

LEAL, Rosemiro Pereira. *Teoria geral do processo*: Primeiros estudos. 9. ed. rev. e aum. Rio de Janeiro: Forense, 2010.

LOBO; Arthur Mendes; SOUZA NETTO, Antônio Evangelista de. *Princípios do Código de Processo Civil Brasileiro.* V. 1. Independently published, 2019.

MACEDO, Lucas Buril; PEIXOTO, Ravi. *Ônus da prova e sua dinamização.* Salvador: JusPodivm, 2016.

MACIEL JÚNIOR, Vicente de Paula. A liberdade da informação na Rede, o modelo de Processo Coletivo participativo em ambiente protegido e a luta contra a escravidão digital. *Virtuajus* – Revista Eletrônica da Faculdade Mineira de Direito da PUC Minas, Belo Horizonte, v. 3, n. 5, p. 11-33, 2º sem. 2018. Disponível em: http://periodicos.pucminas. br/index.php/virtuajus/issue/view/1050. Acesso em: 20 maio 2019.

MACIEL JUNIOR, Vicente de Paula. *Teoria das Ações Coletivas*: as ações coletivas como ações temáticas. São Paulo: LTr, 2006.

MADEIRA, Dhenis Cruz *Processo de conhecimento & cognição*: uma inserção no estado democrático de direito. Curitiba: Juruá, 2008.

MADEIRA, Dhenis Cruz. *Processo de Conhecimento e Cognição.* Curitiba: Juruá, 2009.

MAGALHÃES, Tereza Ancona Lopez de. Presunção (direito privado). *In:* FRANÇA, Rubens Limongi. *Enciclopédia Saraiva de Direito.* V. 60. São Paulo: Saraiva, 1977. p. 367-385.

MALATESTA, Nicola Framarino Dei. *A lógica das provas em matéria criminal.* V. I. Campinas: Conan, 1995.

MARINONI, Luiz Guilherme; ARENHART, Sergio Cruz. *Curso de Processo Civil.* V. 2. 7. ed. São Paulo: Revista dos Tribunais, 2009.

MARINONI, Luiz Guilherme; ARENHART, Sérgio Cruz; MITIDIERO, Daniel. *Curso de Processo Civil.* V. 2. 7. ed. São Paulo: 2009.

MARINONI, Luiz Guilherme; ARENHART, Sérgio Cruz; MITIDIERO, Daniel. *Novo Curso de Processo Civil*: tutela de direitos mediante procedimento comum. V. II. São Paulo: Revista dos Tribunais, 2015.

MARINONI, Luiz Guilherme; ARENHART, Sérgio Cruz. *Prova e Convicção de acordo com o CPC de 2015*. 3. ed. São Paulo: Revista dos Tribunais, 2015.

MARINONI, Luiz Guilherme; ARENHART, Sérgio Cruz. *Prova*. 2. ed. São Paulo: Revista dos Tribunais, 2011.

MARTIN, Rui Cunha. *O ponto cego do direito*: the brazilian lessons. São Paulo: Atlas, 2013.

MENDES, Gilmar Ferreira. *Direitos fundamentais e controle de constitucionalidade*. Estudos de direito constitucional. São Paulo: Saraiva, 2012.

MENDES, João de Castro. *Conceito de Prova em Processo Civil*. Lisboa: Edições Ática, 1961.

MENKE, Fabiano. *Assinatura Eletrônica, aspectos jurídicos do direito brasileiro*. São Paulo: Revista dos Tribunais, 2005.

MIGALHAS. Barroso diz que inteligência artificial poderá escrever sentenças "em breve". 15 Mai. 2024. Disponível em: https://www.migalhas.com.br/quentes/407335/barroso-diz-que-ia-podera-escrever-sentencas-em-breve. Acesso em: 20 maio 2024.

MIGALHAS. STF faz chamamento público para projetos de IA que resumam processos. 13 Nov. 2023. Disponível em: https://www.migalhas.com.br/quentes/396834/stf-faz-chamamento-publico-para-projetos-de-ia-que-resumam-processos . Acesso em: 20 maio 2024.

MIRANDA, Jorge. *Manual de Direito Constitucional*. 4. ed. Coimbra: Coimbra, 1998.

MITIDIERO, Daniel. *Colaboração no processo civil*: pressupostos lógicos, sociais e éticos. São Paulo: Revista dos Tribunais, 2009.

MONTEIRO, Renato Leite. *Lei Geral de Proteção de Dados do Brasil*: análise contextual detalhada. 14 Jul. 2018. Disponível em: www.jota.info/opiniao-e-analise/colunas/agenda-da-privacidade-e-da-protecao-de-dados/lgpd-analise-detalhada-14072018. Acesso em: 28 jan. 2019.

MUNDIM, Luís Gustavo Reis. Violência normativa e o livre convencimento motivado no CPC/2015. In: CABRAL, Cristiane Helena de Paula Lima *et al* (org.). *3 anos de vigência do Código de Processo Civil de 2015*. Belo Horizonte: D'Plácido, 2019, p. 137-160.

NUNES, Dierle José Coelho. *Processo Jurisdicional Democrático*. Curitiba: Juruá, 2011.

NUNES, Dierle; MARQUES, Ana Luiza Pinto Coelho. Inteligência artificial e direito processual: vieses algorítmicos e os riscos de atribuição de função decisória às máquinas. *Revista de Processo*, Brasília, ano 43, v. 285, p. 421-447, nov. 2018.

NUNES, Dierle; MALONE, Hugo. Tendências Mundiais em Tecnologia e Processo: a sexta onda do acesso à justiça. *Revista de Processo*, Brasília, v. 346, p. 373-400, dez. 2023.

NUNES, Marcelo Guedes. *Jurimetria*: como a estatística pode reinventar o direito. São Paulo: Revista dos Tribunais, 2016.

NETO, M. P. F.; JUNQUILHO, T. A. (3 de agosto de 2023). Síndrome de Benjamin Button e o curioso caso dos pesquisadores de Direito Digital. Conjur. Disponível em: https://www.conjur.com.br/2023-ago-03/franca-junquilho-curioso-pesquisadores-direito-digital?fbclid=PAAaZgqtxdtJJc-lJVjrB1EWY-aPCbjacMJX2jgm8VWSqQwmq TFmrUVDqUggw_aem_AblCo9k211b2SHMAtohhZS1i_uZXD2sAl8eL0_BeTtmqT-zb_0yfHncpYpLf0NutA5k Acesso em: 10 ago. 2023.

NEVES, Celso. *Estrutura fundamental do processo civil*: tutela jurídica processual, ação, processo e procedimento. 2. ed. Rio de Janeiro: Forense, 1997.

OABMS. *CNJ decide que ônus pela digitalização de processos físicos seja imposto ao Judiciário*. Disponível em: https://oabms.org.br/cnj-decide-que-onus-pela-digitalizacao-de-processos-fisicos-seja-imposto-ao-judiciario/. Acesso em: 10 mar. 2024.

OLIVEIRA, Carlos Alberto Álvaro de. *Do formalismo no processo civil*. São Paulo: Saraiva, 2003.

OLIVEIRA, Carlos Alberto Álvaro de; MITIDIERO, Daniel. *Curso de Processo Civil:* teoria geral do processo civil e parte geral do direito processual civil. V. 1. São Paulo, Atlas, 2010.

OLIVEIRA, Maiui I. de Borba. *Ruídos da personalidade: identidade, informação e transformação*. Dissertação (Mestrado) – Universidade Federal de Minas Gerais, Programa de Pós-Graduação em Direito, Belo Horizonte, 2014. Disponível em: https://repositorio.ufmg.br/bitstream/1843/BUOS-9K9U3M/1/ruidos_da_personalidade._maiui.pdf. Acesso em: 20 maio 2024.

OLIVEIRA, Marcelo Andrade Cattoni de. *Direito processual constitucional*. Belo Horizonte: Mandamentos, 2001.

PAOLINELLI, Camilla Mattos. *O ônus da prova no processo democrático*. Rio de Janeiro: Lumen Juris, 2014.

PARO, João Pedro. *A conformidade do Poder Judiciário à Lei Geral de Proteção de Dados*. 6 Jun. 2019. Disponível em: https://www.jota.info/paywall?redirect_to=//www.jota.info/opiniao-e-analise/artigos/a-conformidade-do-poder-judiciario-a-lei-geral-de-protecao-de-dados-06062019. Acesso em: 28 jul. 2019.

PEIXOTO, Lucas Buril de Macêdo Ravi. *Ônus da prova e sua dinamização*. Salvador: JusPodivm, 2016.

PELLEGRINI, Flaviane de Magalhães Barros. O processo, a jurisdição e a ação sob a ótica de Elio Fazzalari. *Virtuajus* – Revista Eletrônica da Faculdade Mineira de Direito da PUC Minas, Belo Horizonte, ano 2, p. 5-7, 2003.

PENIDO, Flávia Ávila. A aparente excepcionalidade da lacuna como estratégia para perpetuação do arbítrio. *In*: LEAL, André Cordeiro *et al.* (coord.). *Processo como democracia na contemporaneidade*: colóquio em homenagem ao Professor Rosemiro Pereira Leal. Belo Horizonte: D'Plácido, 2019. Cap. 5, p. 109-132.

PEREIRA, Flávio Cardoso (coord.). *Verdade e prova no processo penal*. Estudos em homenagem ao Professor Michele Taruffo. Brasília: Gazeta Jurídica, 2016.

PIMENTA, Marcelo Vicente de Alckmim. *Teoria da constituição*. Belo Horizonte: Del Rey, 2007.

PINHEIRO, Patrícia Peck. *Direito digital*. São Paulo: Saraiva, 2007.

POPPER, Karl. *Conhecimento objetivo*. Belo Horizonte: Itatiaia, 1999.

RACANICCI, Jamile. *CNJ fará norma sobre acesso a dados pessoais extraídos de tribunais, diz Toffoli*. 27 Maio 2019. Disponível em: https://www.jota.info/paywall?redirect_to=//www.jota.info/justica/cnj-norma-dados-pessoais-tribunais-27052019. Acesso em: 28 jun. 2019.

ROBL FILHO, Ilton Norberto. *Alguns apontamentos sobre o constitucionalismo digital*. CONJUR. Disponível em: https://www.conjur.com.br/2022-jan-22/observatorio-constitucional-alguns-apontamentos-constitucionalismo-digital/. Acesso em: 21 maio 2024.

ROCHA, Daniel de Almeida. *Princípio da eficiência na gestão e no procedimento judicial*: a busca da superação da morosidade na atividade jurisdicional. Curitiba: Juruá, 2012.

RODOVALHO, Maria Fernanda de Toledo. *A reforma do Poder Judiciário*: análise do papel do STF e do CNJ. São Paulo: Atlas, 2014.

ROQUE, André. A tutela coletiva dos dados pessoais na lei geral de proteção de dados pessoais (LGPD). *Revista Eletrônica de Direito Processual – REDP*, Rio de Janeiro, ano 13, v. 20, n. 2, p. 1-19, maio/ago. 2019. Disponível em: https://www.e-publicacoes.uerj.br/index.php/redp/article/view/42138/30270. Acesso em: 28 set. 2019.

SABATÉ, Lluis Muñoz. *Introducción a la probatica*. Barcelona: Bosch Formacion, 2007.

SANTOS, Gildo dos. *A prova no processo civil*. 2. ed. São Paulo: Saraiva, 1979.

SANTOS, Leilson Mascarenhas. *Processo Eletrônico e Acesso à Justiça*. Rio de Janeiro: Lumen Juris, 2014.

SANTOS, Moacyr Amaral. *Prova judiciária no cível e comercial*. V. I. São Paulo: Max Limonad, 1949.

SCHÖNKE, Adolf. *Derecho procesal civil*. Tradução de L. Prieto Castro y Victor Fairén Guillén. Barcelona: Bosch, 1950.

SERBENA, Cesar Antonio. *A próxima geração do processo eletrônico*. 14 jun. 2012. Disponível em: https://www.gazetadopovo.com.br/vida-publica/justica-direito/artigos/a-proxima-geracao-do-processo-eletronico-2qpr9v9c6yy3iqk0xm3j7rnm6/. Acesso em: 15 ago. 2019.

SILVA, Alexandre Couto; SILVA, Ricardo Villela Mafra Alves da. O blockchain como ferramenta de governança corporativa para redução de custos de agência em sociedades anônimas. *In:* PARENTONI, Leonardo (coord.); GONTIJO, Bruno Miranda; LIMA, Henrique Cunha Souza (org.). *Direito, Tecnologia e Inovação*. V. 1. Belo Horizonte: D'Plácido, 2018. Cap. 4.3, p. 697-724.

SIMÃO FILHO, Adalberto; SCHWARTZ, Germano André Doederlein. Big Data em tempos de internet das coisas. *In:* PARENTONI, Leonardo (coord.); GONTIJO, Bruno Miranda; LIMA, Henrique Cunha Souza (org.). *Direito, Tecnologia e Inovação*. V. 1. Belo Horizonte: D'Plácido, 2018. Cap. 2.2, p. 217-246.

SOARES, Carlos Henrique; BRÊTAS, Ronaldo de Carvalho Dias. *Manual Elementar de Processo Civil*. Belo Horizonte: Del Rey, 2011.

SOARES, Carlos Henrique. Reflexiones filosoficas sobre la prueba y verdad en el proceso democrático. *In:* CARVALHO DIAS, Ronaldo Brêtas *et al.* (org.). *Direito Probatório*: temas atuais. Belo Horizonte: D'Plácido, 2016. Cap. 2, p. 43-64.

SOARES, Igor Alves Noberto; GONÇALVES, Jordânia Cláudia de Oliveira. Standards de prova e controle do "convencimento" judicial. *In:* CARVALHO DIAS, Ronaldo Brêtas *et al.* (org.). *Direito Probatório*: temas atuais. Belo Horizonte: D'Plácido, 2016. Cap. 9, p. 215-232.

SOARES, Mário Lúcio Quintão. *Teoria do Estado*. Belo Horizonte: Del Rey, 2003.

STALLINGS, W. *Criptografia e Segurança de Redes:* Princípios e Prática. 4. ed. São Paulo: Pearson, 2007.

STRECK, Lenio Luiz. O problema do 'livre convencimento' e do 'protagonismo judicial' nos códigos brasileiros: a vitória do positivismo jurídico. *In:* BARROS, Flaviane de Magalhães; BOLZAN DE MORAIS, José Luiz. (coord.). *Reforma do processo civil*: perspectivas constitucionais. Belo Horizonte: Fórum, 2010, p. 55-74.

STRECK, Lenio Luiz. O que é isto – livre convencimento motivado e livre apreciação da prova? *In:* NUNES; Dierle; LEITE, George Salomão; STRECK, Lenio Luiz. *O fim do livre convencimento motivado.* Florianópolis: Tirant lo blanch, 2018. p. 11-26.

TARUFFO, Michele. *A prova*. Tradução de João Gabriel Couto. São Paulo: Marcial Pons, 2014.

TAVARES, André Ramos. *Curso de Direito Constitucional*. 4. ed. São Paulo: Saraiva, 2006.

TEIXEIRA, Tarcisio. *Direito digital e processo eletrônico*. 8. ed. São Paulo: SaraivaJur, 2024.

TEIXEIRA, Daniel Calazans Palomino. *Gestão Processual Proporcional: Técnicas Básicas de Gestão Estratégica como meio de efetivação do Princípio da Eficiência* Dissertação (Mestrado) – Universidade Federal de Minas Gerais, Programa de Pós-Graduação em Direito, Belo Horizonte, 2021. Disponível em: https://repositorio.ufmg.br/bitstream/1843/42251/1/Dissertacao_mestrado_Daniel_Calazans_2021.pdf. Acesso em: 20 maio 2024.

THEODORO JÚNIOR, Humberto. *Curso de direito processual civil*: teoria geral do direito processual civil, processo de conhecimento e procedimento comum. 56. ed. Rio de Janeiro: Forense, 2015.

THEODORO JÚNIOR, Humberto *et al. Novo CPC*: fundamentos e sistematização. Rio de Janeiro: Forense, 2015.

THIBAU, Vinícius Lott. *Presunção e Prova no Direito Processual Democrático*. Belo Horizonte: Arraes, 2011.

THIBAU, Vinícius Lott. Processo e mercado. *In:* SILVA, M. C. (org.). *Transformações do direito na contemporaneidade:* reflexões sobre direito, mercado e sustentabilidade. Belo Horizonte: Centro Universitário Newton Paiva, 2015a.

THIBAU, Vinícius Lott. Prova ex officio e processualidade democrática. *In:* CARVALHO DIAS, Ronaldo Brêtas *et al.* (org.). *Direito Probatório:* temas atuais. Belo Horizonte: D'Plácido, 2016. Cap. 12, p. 299-320.

THIBAU, Vinícius Lott. Teoria do processo democrático e técnica probatória. *In:* BRÊTAS, Ronaldo C. Dias; SOARES, Carlos Henrique. *Técnica processual.* Belo Horizonte: Del Rey, 2015b.

TOMÉ, Fabiana Del Padre. 2016. *A prova no Direito Tributário.* 4. ed. São Paulo: Noeses, 2016.

TORNAGHI, H. *A relação processual penal.* 2. ed. São Paulo: Saraiva, 1987.

TRIBUNAL DE CONTAS DA UNIÃO. TCU aponta atrasos na implementação do Processo Judicial Eletrônico. *Portal TCU,* 08 Jul. 2019. Disponível em: https://portal.tcu.gov.br/imprensa/noticias/tcu-aponta-atrasos-na-implementacao-do-processo-judicial-eletronico.htm. Acesso em: 21 jul. 2019.

VÉLEZ MARICONDE, Alfredo. *Derecho procesal penal.* Tomo II. 3. ed. Cordoba: Lerner, 1986.

VELLOSO, A. A. *El garantismo procesal.* Rosario: Librería Juris, 2010.

VIEIRA, J. M. R. Da Cognitio ao Iudicium, De Princípios a Técnicas Processuais. Coisa Julgada e Questões Prejudiciais no Projeto do CPC. *In:* FREIRE, Alexandre; DANTAS, Bruno; NUNES. Dierle; DIDIER JR. Fredie; MEDINA, José Miguel Garcia; FUX, Luiz; CAMARGO, Luiz Henrique Volpe; OLIVEIRA Pedro Miranda (org.). *Novas Tendências do Processo Civil:* Estudos Sobre o Projeto do Novo Código de Processo Civil. V. 3. Salvador: Juspodivm, 2014. p. 123-146.

VITORELLI, Edilson; BORTOLAI, Luís Henrique. *In:* Devido Processo: Precedentes e Tecnologia em um sistema judiciário sobrecarregado. *Novos Estudos Jurídicos,* Itajaí (SC), v. 26, n. 1, p. 375-405, 2021. Disponível em: https://periodicos.univali.br/index.php/nej/article/view/17590. Acesso em: 21 maio 2024.

XAVIER, Júlio. Prova audiovisual e segurança jurídica: se está na nuvem, não está nos autos. *Migalhas.* Disponível em: https://www.migalhas.com.br/depeso/406831/prova-audiovisual-e-seguranca-juridica). Acesso em: 21 maio 2024.

WATANABE, Kazuo. *Da cognição no processo civil.* Campinas: Bookseller, 2000.

WOLKART, Erik Navarro. *Análise econômica do processo civil:* como a economia, o direito e a psicologia podem vencer a tragédia da justiça. São Paulo: Thomson Reuters Brasil, 2019.

ZANETI JR., Hermes. Processo Constitucional: relações entre processo e constituição. *Revista da Ajuris:* doutrina e jurisprudência, v. 31, n. 94, p. 105-132, jun. 2004.

Esta obra foi composta em fonte Palatino Linotype, corpo 10
e impressa em papel Pólen Bold 70g (miolo) e Supremo 250g (capa)
pela Gráfica Star7.